国家出版基金项目
NATIONAL PUBLICATION FOUNDATION
“十三五”国家重点出版物出版规划项目
新汉译世界高等教育名著丛书（第一辑）
丛书总主编　李子江　张斌贤

美国大学制度

［美］弗兰西斯·威兰德（Francis Wayland）著
石佳丽　译　何振海　李文文　校

浙江教育出版社·杭州

总序

20世纪90年代，浙江教育出版社出版了由王承绪先生主编的“汉译世界高等教育名著丛书”，在学术界产生了重要影响，丛书所收录的著作至今依然是高等教育学等相关学科学习和研究必备的学术文献。本世纪以来，多家出版社相继推出了多种高等教育著作译丛，例如“京师高等教育译丛”（北京师范大学出版社）、“国际高等教育译丛”（中国海洋大学出版社）、“世界高等教育研究名著译丛”（教育科学出版社）、“美国研究型大学探索译丛”（河北大学出版社）、“高等教育与全球化丛书”和“北大高等教育文库·大学之道丛书”（北京大学出版社）等。一些教育著作译丛虽然并非以高等教育为主要内容，但也包含了部分高等教育的译著，例如“影响力教育理论译丛”（华东师范大学出版社）、“非洲教育译丛”（浙江大学出版社）等。

国外高等教育著作的译介不仅满足了我国高等教育决策者、管理者以及公众了解其他国家和地区高等教育发展历史与现状的需要，而且有力促进了我国学者对高等教育的研究。只要将20世纪90年代高等教育研究状况与当下进行粗略对照，就可以清楚地看到我国20多年来高等教育研究的长足发展。这其中固然有诸多原因，但不可否认的是，广泛和充分吸取其他国家高等教育研究成果是一个非常关键的因素。同样不可否认的是，大量高等教育译著在其中发挥了不可替代的重要作用。

众所周知，中国现代高等教育机构和高等教育制度的建立是西学东渐的产物，迄今已逾百年。但是，由于种种原因，我国高等教育真正稳定发展的时间不过数十年。对于高等教育这样复杂的事业而言，几十年的经历实在是过于短暂了，而基于这些有限经验形成的认识则更具局限性。在当代社会急速变革的条件下，高等教育发展及其与社会的关系日趋复杂，如何合理认识高等教育的内在本质与职能，如何科学把握高等教育发展的方向，如何妥善处理高等教育内外部各种关系，更需要非同寻常的智慧、远见和胆识。而要拥有这一切，学习借鉴其他国家的实践经验，尤其是主导这些实践的思想观念，是必不可少的重要环节。

从更大的方面说，高等教育机构自建立之日起，就与文化传播、交流结下了“不解之缘”。不同文化教育之间的交流、相互影响始终是推动高等教育发展的重要动力。古希腊的学园对古代东方高等教育机构的借鉴，古罗马对希腊文明的吸纳，文艺复兴后欧洲各国在学术研究等方面的相互影响，尤其是近代以来，文化、学术、教育的交流在促进不同国家高等教育改革发展中的作用日益广泛、显著和重要。在一定意义上，一段高等教育的历史，同时也是不同文化、学术交流不断开展、推进和深化的历史。作为文化教育交流的重要途径，译著始终是这段历史的重要组成部分。

为适应我国高等教育改革发展的新形势，进一步丰富我国的高等教育研究，浙江教育出版社决定在已有基础上继续推进国外高等教育名著的译介，出版“新汉译世界高等教育名著丛书”。

丛书将按专题分辑出版。

丛书第一辑收录美国十二位著名大学校长的主要教育著作。他们是：哈佛大学校长埃利奥特（1869—1909年，任职期间，下同）和洛厄尔（1909—1933）、耶鲁大学校长波特（1871—1886）、密歇根大学校长塔潘（1852—1863）、霍普金斯大学校长吉尔曼（1875—1902）、哥伦比亚大学校长巴纳德（1864—1889）和巴特勒（1902—1945）、布朗大学校长威兰德（1826—1855）、芝加哥大学校长哈珀（1891—1906）、斯坦福大学校长乔丹（1891—1913）、克拉克大学校长霍尔（1888—1920）、纽约大学校长布朗（1911—1932，1906—1911年曾任美国联邦教育署署长）。

19世纪后期至20世纪前期是美国高等教育发展的关键时期。在这个时期，美国高等教育实现了从传统学院向现代大学的转变，完成了以学术职业化为核心的“学术革命”，建立了较为完整的高等教育制度，从而开创了“美国教育史的新纪元”。[①]

在这个前所未有的重大变革过程中，一个非常独特的现象是，在一个不太长的时期内集中出现了一批著名的大学校长。他们之所以著名，并非仅仅因为他们任职于著名的大学（事实上，在那个时期，至少与欧洲的古老大学相比，美国大学大多并不“著名”），而在于他们高瞻远瞩、审时度势，在于他们富有管理智慧和教育素养，更为重要的是在于他们有着高尚的人格、坚定的信念和远大的志向。正是在这些校长的努力下，哈佛大学等原本较为知名的大学“旧邦新命”，焕然一新；一些原本不知名的大学从平庸走向卓越，成为世界著名学府，美国由此开始成为世

① 劳伦斯·维塞. 美国现代大学的崛起[M]. 栾鸾，译. 北京：北京大学出版社，2011：1.

界高等教育强国。罗杰·盖格称这些校长为“巨人校长”，他们开创了美国高等教育史上独一无二的“巨人校长时代”。[①]

迄今为止，除克拉克·科尔、德雷克·博克等少数几位美国著名大学校长的著作之外，国内尚未有对美国大学校长著作的系统译介。“新汉译世界高等教育名著丛书”第一辑收录的这十二位校长的著作集中反映了他们关于高等教育的理解，以及他们的办学理念和管理经验。他们的思想和实践业已成为世界高等教育宝贵的精神财富。系统译介这些著名大学校长的教育著作，呈现优秀大学领导者的理念和实践，有助于了解这些校长的教育思想和治校方略，探讨高等教育发展的内在机制与社会保障机制，为我国高等教育的发展提供经验借鉴。我们相信，本丛书的出版将进一步深化我们对高等教育的认识，帮助我们不断学习借鉴世界一流大学的创建、改革实践经验，为推进我国建设世界一流大学的战略提供历史经验和启示。

在丛书第一辑即将付梓之际，我们由衷地感谢浙江教育出版社的大力支持。正是他们的远见卓识和专注于学术著作出版事业的坚定信念，才会有越来越多的学术经典问世。在现行科研评价体制下，学术著作的翻译得不到应有重视，从事翻译主要是出于译者对学术事业的热爱和追求，我们对参与丛书翻译、校对工作的各位同仁表示崇高的敬意。

李子江　张斌贤

2019年12月

① 约翰·塞林. 美国高等教育史（第二版）[M]. 孙益，等，译. 北京：北京大学出版社，2014：120.

译者前言

弗朗西斯·威兰德（Francis Wayland, 1796—1865），布朗大学第四任校长，19世纪美国著名的神学家和教育家。1796年3月11日，威兰德出生在美国纽约，这是他的父母移民到美国的第3年。威兰德的父亲在1807年成为一位跟随皮毛贸易公司走南闯北的随队牧师，常年不在家，他的教育由母亲负责。15岁时，威兰德进入联合学院（Union College）学习，3年后顺利毕业。之后3年的时间里，威兰德一直跟随伊莱·伯里特（Eli Burritt）学习医学知识，并最终在1816年成为一名有执业资格的医生。同年，威兰德受家庭影响，放弃医生职业，立志要成为一名牧师，随后进入安多弗神学院（Andover Theological Seminary）学习，在这里他不仅精进了自己的神学知识，还学会了如何把神学知识传授给更多的人。1817年从安多弗神学院毕业后，威兰德回到联合学院任教，受到校长埃利法列特·诺特（Eliphalet Nott）的重用，两人从此成为一生的挚友，诺特任教和管理学校的风格令威兰德印象深刻。1821年，在诺特的引荐下，威兰德成为波士顿第一浸信会（First Baptist Church）

的牧师。安多弗神学院教师摩西·斯图亚特（Moses Stuart）也非常赞同威兰德的这次工作调动，在他看来此举可以让威兰德更靠近美国浸信会活动的中心——布朗大学。威兰德在波士顿第一浸信会担任牧师的6年间，发表了几篇非常重要的布道词，这些布道词奠定了他在全美国神学领域的地位。1822年，威兰德获得了布朗大学荣誉博士学位。1825年，他被选为布朗大学法人团体的成员。1826年12月，威兰德当选为布朗大学的校长，于1827年2月正式上任，直到1855年辞职离任，共任职29年。

威兰德担任校长期间，也承担布朗大学的教学任务。在教授课程的过程中，他反思总结，著有公认的伦理学、知性哲学和政治经济学经典教材。《伦理学要素》（*The Elements of Moral Science*）于1835年出版，《政治经济学要素》（*The Elements of Political Economy*）于1837年出版，《知性哲学要素》（*The Elements of Intellectual Philosophy*）于1854年出版。其中，《伦理学要素》是19世纪被美国人广泛认可的伦理学教材。到1867年，这本书的发行量已达9.5万册，面向较年轻学生的精简版发行量也达4.2万册，使威兰德的伦理学理论传播得更广。

在美国大学史上，威兰德的名字与布朗大学紧密地联系在一起，凯斯西储大学（Case Western Reserve University）第六任校长查尔斯·特温（Charles Thwing）称他为"布朗大学的威兰德"（Wayland of Brown）。在威兰德之前，布朗大学的校长阿萨·马塞林博士（Dr. Asa Messerlin）因宗教观点上的"一位论"（Unitarianism）倾向而离任。然而这只是直接原因，促使马塞林校长离任的更深层次原因是，在其任期的最后几年，他已经完全失去对布朗大学师生的控制，学校陷入混乱。威兰德自上任伊始就清楚地意识到问题的关键所在，着手恢复布朗大学的教学秩序。他恢复了早些时候的一项规定，要求学院的管理人员定期去巡查学生的宿舍。在大学校舍中严令禁酒，一旦发现学生有相关违纪行为，在与家长交涉后，校长有权开除学生。由此，他得到了“一个严厉、无情的纪律严明者”的名声。在威兰德管理之下，布朗大学的毕业生深受美国各界欢迎，美国联邦最高法院大法官约瑟夫·斯特里夫（Joseph Story）曾说：“威兰德任布朗大学校长期间培养出来的学生素质很高，他们拥有从一众纷杂事件中抽取关键事件的能力，这一能力让布朗大学的毕业生非常出挑。”

除了极严格的学校纪律，威兰德也尝试改进教学方法。他批判旧有的照本宣科式的诵读，认为“教师真正发挥其职责始于学生学到课本知识之后。教学应该是心灵对心灵的影响，并且是令人兴奋和发人深省的。应该通过推理和概括的思维力量去激发学生思考。这才是一个教师崇高的使命”。为了纠正教师对课本的依赖，他制定了一条新规则——不得带任何课本进课堂。他自己的教学方法还包括要求学生对课程进行分析，要求学生轮流上课，并经常回顾学过的内容。

以上这些威兰德对布朗大学的管理举措和教学方法，都是建立在他对美国大学制度深思熟虑的基础之上的，这些大学教育思想集中体现在威兰德的《美国大学制度》这本书中。

《美国大学制度》出版于1842年。在此之前的五年内，威兰德尝试以各种方法来扭转布朗大学学生人数下降的艰难处境，但是屡屡遭受学校董事会和全校教职员工的抵制。威兰德非常失望，一度受挫并休假前往欧洲一些国家游学。在游学过程中，威兰德接触到法国和英国的大学教育，深受启发，重新坚定了改革美国大学制度的信念。他回国后多次尝试在布朗大学推行改革，但并未获得认同，更没有将其观点付诸实践。许多改革工作的推进过程都是敷衍了事，一些大学教育中存在的问题反复地出现在威兰德的年度报告中，他对此深感失望。为了能够切实地改变布朗大学的现状，威兰德将自己的美国大学制度改革观点汇编成册，并正式出版。他希望通过这本书引起公众对美国大学教育的关注，进而对布朗大学董事会产生影响。

面对美国社会对大学教育的不满，美国大学究竟应该维持旧有的大学制度以继续传统的自由教育，还是调整大学课程以适应逐渐多样化的社会需求？这是威兰德的《美国大学制度》尝试解决的主要问题。

当时美国大学中存在着保守与激进的两种教育理念和实践，在《美国大学制度》一书中，威兰德虽然尖锐地指出美国大学制度中存在的问题，但也没有明确提出激进的改革方案。威兰德想让读者接受美国现有大学制度已经过时的现实，并激发公众对大学制度改革的好奇心。《美国大学制度》共有五章，涉及大学董事会、大学组织形式、大学教职人员、大学纪律管理和大学奖学金制度存在的问题及改进建议。

第一章中，威兰德基于“公民的受教育水平代表了一个国家或民族在人类文明竞赛中的地位”的论断，提出美国大学改革的必要性。威兰德回溯了自殖民地时期以来新英格兰地区各学院的制度，这一制度一直被传承下来，除极少数例外，美国各地大学制度都是大同小异的：四年制的大学课程，所有的学生达到相同的学业要求后才可以毕业。然而，这种大学制度已经不被社会大众所认同和接纳，美国社会普遍认为，需要对美国大学进行实质性的改革。威兰德分析了美国大学的一些改革举措，包括降低大学学费、为贫困学子提供慈善资助、调整课程等，但这些措施都不能治本，仍然无法获得大多数美国民众的认可。基于上述思考，威兰德在第一章结尾，提出了一个问题："如果所有的努力都尝试过，但是仍然不见实质性改变，那么是否应该审视整个大学制度，检验各个部分能否做出更好的调整并最终得到理想的结果?"由此引出第二章中对当时美国大学制度现状的全面反思。

第二章的内容是基于对美国大学现状观察的事实陈述。威兰德在简要介绍美国大学的历史缘起及其早期发展之后，将大学制度分解为几个部分，并逐一介绍它们的职责和运作方式，包括大学监事权、大学行政人员、大学的责任、大学课程。美国大学中，监事权应包括对大学财产的监督、对大学工作人员的任免、建立治校规章，以及不时地查验大学创设初衷的完成状态是否如学校创建者和州政府期望的那样。之后，威兰德简要介绍了监事机构设置、内部人员选聘方式、工作机制等具体内容。大学的行政人员由校长、教授和讲师们构成，上述这些教职员工负责整个大学的教学和管理工作。书中简要介绍了不同类型大学工作人员的聘任方式、工作内容、奖励机制等内容。至于大学应该承担的责任，则是由其所处的教育阶段决定的，大学教育作为基础教育与进入社会就业之间的过渡阶段，按照这一逻辑，大学教育的责任是要教授给学生比高中时期更高一级的知识，并且这些知识还需要是当今社会所需的。除此之外，不同于英国和法国各种类型的大学，美国大学本质上还是大型的寄宿学校，需要承担起监管学生道德发展的责任。以上这两种责任决定了大学的宿舍管理模式、课程内容、教学形式和对学生的奖励机制。

在接下来的第三章和第四章中，威兰德结合第一章的社会诉求以及第二章的美国大学制度现状，讨论了美国大学制度的各个不同方面，指出其中的问题，并针对每一项问题提出改进建议。威兰德指出，在理想状态下，出于资金来源、学位认证、提升美国民众智力水平等多种考虑，大学这个教育机构应该交给公众来监管，这就对拥有监事权的人员构成、管理方式提出了一些要求。但是，现实世界里，美国大学的监事机构履行其应尽职责的表现并不令人满意。威兰德对当时美国大学监事机构的成员资格、宗教倾向、人数规模、任职年限等都不满意，而美国大学制度改革的第一步，是改善董事会的组织结构。大学教职员工方面，威兰德认为，在教师的遴选、任期和薪酬、激励机制等方面存在很多不足。这种制度上的缺陷导致大学不能吸引天下英才，扩充师资队伍；而对在职的教师来说，继续任职并继续尽职的可能性也越来越小。他认为美国大学的课程设计和教学方式也不尽如人意，在招生水准、学制设计、课程种类、教学方法与质量、奖学金制度等方面的不足最终导致大学学位含金量下降。威兰德为此提出了一些改革建议，如提高入学要求，统一并提高大学招收学生年龄，限制大学学科数量，提高对大学学位候选人的资格审核要求。大学除了肩负对年轻人智力训练的责任，还有道德培养和监督的任务。大学纪律方面，威兰德分析了社会上对大学寄宿制利弊的讨论，他认为大学寄宿制经济实惠，并且有助于大学教职工监管学生的道德品质和行为。但是，当时美国的校舍条件并不利于这一制度的发展，除此之外，大学生之间的密切交往也许会产生不良的影响，需要引起大学管理者们的重视。

在分别描述构成美国大学制度的各部门存在的问题之后，威兰德在第四章尝试将美国大学作为一个整体，来厘清美国社会对大学制度存在的一些误解。威兰德在第四章前半部分指出，当时的美国大学教育收费并不高，大学学生人数减少的原因不是学费高昂，而是美国大学的发展没有与社会发展建立联系。那么，如何使大学与社会发展保持一致呢？他在第四章的后半部分给出了答案。大学不能成为社会的附属品，其从业者不能一味地追随社会潮流来设置课程。大学应该基于对自身本质的考量，用一种发展的眼光来设置课程。因为只有这样，大学才能引领其支持者和追随者走向更光明和幸福的未来。

最后结语部分，威兰德强调了本书的写作目的，即敦促美国大学开始制度改革。改革是一个循序渐进的过程，并不会在朝夕之间成效立现，威兰德希望这本书可以为将来大学制度大改革指明方向。接下来威兰德重申了大学董事会、大学组织形式、大学教职员工、大学纪律管理和大学奖学金制度存在的问题及改进建议。

《美国大学制度》中对美国大学制度困境的分析，是建立在威兰德宗教思想和民主观点基础之上的。威兰德是一位虔诚的浸信会教徒，也是一名合格的牧师。在他看来，之所以要推行美国大学制度改革，主要原因在于“改革思想都是基于对上帝观念的认识”。本着这样的认识和宗教信仰，威兰德坚信改革美国大学教育是秉承上帝的意志。而且，威兰德这种基于宗教信仰和神学思想的教育观念，在当时的美国社会有广泛的认可度，从另一方面帮助扫清了大学制度改革中可能遇到的阻碍。

除了宗教神学观点，威兰德的民主观点在他的大学教育思想中也占据着重要的地位。威兰德在论及美国大学制度的缘起时，提到了两个旧有的大学制度，即苏格兰大学制度和英格兰大学制度，他在文中条分缕析地指出这两种旧制度与理想的美国大学制度的差异，并指出理想的美国大学教育制度应该是建立在美国民主制度基础之上的。当时布朗大学的一位讲师詹姆斯·默里（James Murray）曾这样评价："威兰德坚定地把美国民主制度摆在自己面前，并根据这样一个原则制订了他的一切教育计划：无论旧世界盛行什么制度，美国的教育都必须服从美国的制度。两者的利益是密不可分地交织在一起的。"

面对种种非议，威兰德并没有止步于理论探讨，他作为一名对大学教育充满热情并极富行动力的大学校长，不断尝试在布朗大学推进改革计划，最终在1850年正式开始布朗大学的改革。1850年的《向布朗大学法人团体提交的关于大学教育制度变化的报告》（*Report to the Corporation of Brown University on Changes in the System of Collegiate Education*）就是这次改革的行动纲领。然而，威兰德在布朗大学的这次改革并没有如他所愿顺利完成，但这并不能磨灭他对美国高等教育历史发展与研究的贡献。汉密尔顿学院院长威廉·考利（William Cowley）在一次讲话中谈论到威兰德对美国大学教育的意义时说道："威兰德正确地认识了他所处的时代，并敦促大学采取措施使大学教育与美国相协调。今天，我们认为艾略特、怀特和吉尔曼是19世纪美国大学教育史上伟大的领袖，但威兰德比他们更早，并为他们的改革铺平了道路。从某种程度上来讲，这些人之所以是巨人，是因为他们站在了威兰德这位巨人的肩膀之上。"而

人也认可威兰德对他改革哈佛大学课程体系的影响

略特成功地建立了哈佛大学选修课制度后，在1885年

CONTENTS

目录

第一章 研究意义：旨在改进美国大学制度

当前关于教育问题的各种观点让我们确信，文明正在不断向前推进。在所有的新教国家中，人们普遍认为，整个社会有义务为年轻人的教育准备充足的条件。这个看法并不仅限于那些与美国的社会组织形式相似的国家。相反，几乎实行专制君主制的普鲁士在这方面已经走在了最前列，法国也在大力发展教育。英国的教育现已有了一个良好的开端，不久后无疑会取得与其在文明国家中的地位相称的成果。而在美国，联邦宪法的出台建立在一个假设之上，即每个公民都接受过一定程度的教育。另外，每个州都有义务为每个公民提供接受基本知识教育的途径，至少目前应该用本民族语言向他们传授科学知识，培养他们具备自我提升的能力。

我曾指出，公民的受教育水平代表了我们在人类文明发展中的水平。事实表明，仁爱之道正广为人知，仁爱之行也广受认可。如果一个人乐于捐赠自己的财产，以帮助提高那些与自己毫无关系的同胞的知识水平，那么这个人一定好过那些只关心自己家人的人。美国已从关注个人发展的低层次水平发展到博爱的高层次，这对我们提出了新的要求，即人们相互尊重，兄友弟恭，内心充满善良。慈善之心永远令人愉快，一旦它进入到整个社会并成为国民性格的必要组成部分，就升华为崇高的事业。

人们对普及学校教育给予了越来越多的关注，由此我们可以发现，人类正变得越来越理智。事实表明，那些曾经只存在于目光远大的智者之中的观点，现在已经被全社会普遍接受。智者们认为，当邪恶势力从四面八方涌向我们的时候，我们不应与之做无谓的争斗，更理智的决定应该是，从源头斩断邪恶势力继续蔓延的可能性。我们的观念超越了目前的狭隘局限，我们需要拓宽视野，同时从过去汲取经验教训，并为实现未来美好的愿望而努力向前迈进。只有这样，我们才能为社会结构奠定深远而广阔的基础，确保人类在智慧和美德方面取得进步。也正因如此，智慧与美德才结成了如此紧密的联系，并且这种联系随着时间的推移变得更加紧密。换言之，随着人类的知识愈加渊博，美德的传播范围更广，其影响更强烈。

我认为美国非常有必要为每个公民都提供基础英语教育，并且根据时代要求不断改进这种教育。希望不久后每个美国公民都具备读、写、算的能力，并且熟悉各门重要的基础学科知识。如果不能实现这些美好的愿望，那么一定是我们滥用了资源。

显然，如果不激发整个社会对高等级教育的巨大需求，公共教育机构的普及推广就不可能实现。如果有五百万个适龄青少年需要接受公共教育，那么至少需要培养一百万个教师去教授他们。缺少良好的教师，我们的公共教育将一无是处。教师的无知也会让教师职业不被尊重。我们的公立学校将不再像以往那样吸引来自社会各阶层的儿童，而将仅剩流浪汉和乞丐的孩子。公立学校很快就会失去社会大众的支持，因为大众必将厌倦一个不能让自己子女受益的学校系统。这一切将导致公共学校系统的失败，而我们为此做出的努力也就一并付诸东流。由此我认为，公共学校教育体系需要充足的、受过良好教育的合格教师。如果有人问教师应该具备什么样的水平才能胜任，我的回答是，与从事律师、医生和牧师等其他职业的标准是一样的。因为没有理由让一个塑造儿童思维的教师的受教育程度和智力水平低于以律师、医生和牧师为代表的其他职业。

我并不认为教师发挥的作用仅限于完成课堂上的教学工作。如果教师都由称职的人担任，教师职业享有应有的社会地位，具有足够且永久的职业吸引力，那么教师仍然可以发挥持久的间接影响作用。尽管当学生毕业后，原本的师生关系已经结束，教师仍然可以与学生保持一种亦师亦友的关系，鼓励和指导那些追求自我探索的学生。教师还可以通过演讲、设立图书馆和其他受欢迎的方法，培养和提升整个社会的人们的科学和文化素养。教师通过这些方式给整个社会带来非常有益的影响，他们用自己的专业素养影响社会的其他各个阶层，其作用将不可估量。因此，非常有必要建立一个致力于培养职业教师的专业教育机构。

另外，我认为任何一个国家只有充分发展人的各种智力资源才能获得好处。人的才智是上天赐予人类的宝贵礼物，不能丢弃、浪费掉。对社会来说，可以发现并应用大自然规律的那些有远见的头脑，至少与那些只能运用已被发现的规律的普通头脑一样重要。我知道造船工和机械师对一个国家的重要性，但是如果没有阿克莱特、瓦特、惠特尼和富尔顿等天才发明的水力纺纱机、蒸汽机、轧花机和汽船等，就不会有人类社会的文明进步。法兰西共和国因为有了拿破仑的杰出领导才能重新恢复活力。[①] 我以我们的国民为荣，我深信他们的正直和理智不弱于世上其他任何人，但如果没有华盛顿、富兰克林和麦迪逊等国父为我们制定宪法体制，如果没有杰伊、马歇尔和斯托

① 雾月政变结束之后，拿破仑于1796年3月2日被正式任命为法兰西共和国意大利方面军总司令，他带领军团在意大利北部多次击败奥地利帝国的军队，成为法兰西共和国的人民英雄。——译者注

利[1]等人揭示永恒公正的法律原则并夯实普通法的基础，很难想象陪审团制度能够取得现在的效果。无论政府组织形式如何变化，社会都需要具备较高智力水平的公职人员，因此需要培养他们掌握人类发展进程中保存下来的知识。

智力的发展离不开基础知识的学习。通过学习掌握基础知识可以让人们更好地理解和遵守社会的法律法规，从而改善他们的社会环境。但是，要使人们发现或揭示国家发展现象背后的原理，则需要我们提供比普通教育更高级的教育。不仅如此，在各种社会形态下都会产生天才，他们拥有影响人类社会发展的巨大能力，他们有着强大的和永不知足的求知欲与上进心。随着公共教育的普及推广，这种天才会越来越多。那么接下来的问题就不再是此类天才应不应该存在，而是如何让这些稀有的天才得到更好的培养和发展。

毋庸赘言，每个美国公民都充分认识到了自由教育的重要性。大多数早期建立的州，一开始就特别重视学院和专门学校的建立。在很多州中，此类院校都得到了捐赠。许多杰出的公民将他们大量的私产投入到此类教育机构的建设中。有此先

① 杰伊、马歇尔和斯托利三人都是美国著名法学家，对美国法律原则及制度的确立起了重要作用。——译者注

例，之后在所有新建立的州中，社会已经为学院和大学①的捐赠奠定了良好的基础。据美国1842年年鉴统计，当时有101所大学，其中包括39所神学院、10所法学院和31所医学院，此后逐年都在增加。由此可见，美国人已经充分认识到大学教育和专业教育的重要性。

毋庸置疑，如果美国的众多智力和财富资源都用于发展教育，国家也制定了鼓励这种行为的政策，私人也乐于慷慨资助大学教育，那么合理使用这些财富和人才资源就显得至关重要。此外，美国的高等教育机构在某种程度上仍处在形成的过程中，仍未确立稳定的惯常先例和大学章程，将来的发展会越来越难。一所大学必须首先确立某种合法基础，然后在此基础上尽快形成各种管理的先例以及惯例。尤其是当许多大学共同完成一个目标时，更需要这样。那些基于同样模式建立起来的

① 书中将会多次出现“学院”（college）和“大学”（university），在美国高等教育历史研究中，会从两个层面来使用这两个词。在广义的层面上，两者都表示高等教育机构，因此均译为大学，比如说，本书原名中的“collegiate system”，译者没有直译为“学院制度”，而是译为“大学制度”。在狭义的层面上，美国高等教育历史中，殖民地时期出现在新英格兰地区的高等教育机构多冠以“college”，很长一段时间以后，一些学校才从“college”更名为“university”。比如说，哈佛大学在1780年正式改名称之前，将其译为哈佛学院。除此之外，这两个词语背后，还有两种不同的高等教育理念和制度，殖民地时期的一众“山巅学院”树立了美国式自有人文学院的典范，而兴起于19世纪的大学更名热潮，则代表创建新型大学理念的兴起。因此，我国的美国大学历史研究在涉及该阶段和该类别的高等教育机构时，通常会将其译为“学院”，以区别于后期的现代大学。除了上述两个层面的考虑，如果遇到某所大学名称中带有这两个词语，本书采取了直译的方式，比如说，“Dartmouth College”译为达特茅斯学院。——译者注

大学在很大程度上将会采取相似的教育教学及管理方式，他们很难偏离其他大学发展的轨道。因此，即使是所有大学都觉得不明智的做法，仍然会被坚持执行下去，因为没有一所大学愿意承担第一个脱离集体而带来的风险。在这种情况下，我们有必要就目前实行的大学制度中所遵循的原则进行简要的讨论。

除极少数例外，目前美国各地大学制度都大同小异：美国大学制度包括四年制的大学课程，所有的学生在相同的时间内达到相同的学业要求后才可以毕业。我只简单地概括美国大学制度的特征，因为在接下来的篇章中我将会详细讨论这个问题。我在此仅希望考察这种大学模式的共同特点。一些老大学不会再冒险去偏离这种大学模式，而新建的大学则认为，只要模仿这种模式就可以形成自己完美的大学组织结构。

有必要指出，在相当长的一段时间内有一种非常普遍的观点认为，大学制度中的某些东西需要进行实质性的改变。

人们曾经试图通过建立文科中学[①]或高中的方式来弥补大学教育制度中存在的不足。那些熟稔欧洲教育制度的、博学的绅士们也尝试建立欧洲模式的大学，通过聘用足够的高水平的教师吸引学生进入大学。但是，几年之后，这些试验都以失败告终。家长们对这些教育改革家深感失望。接下来建立的是军事高中和学习高级知识的私立高中，这些学校是仿照美国西点

① 文科中学（Gymnasium），是古希腊教育历史上出现的一种为青年人提供教育的公共学校形式，常译为“体育馆”。后来，在17世纪欧洲中部的一些国家，尤其是德国也出现了一种名为“Gymnasium”的中等教育机构，这是一种为即将升入大学的学生提供准备教育的古典文科中学，根据美国教育历史以及上下文中对该教育机构的解释，译者将其译为“文科中学”。——译者注

军校的模式发展起来的。但是这些学校也步文科中学的后尘，并不被大众所接受，它们的建筑都被废弃了，而且我相信未来几年内这些建筑普遍都会被拍卖。

私立高中学费通常比较昂贵，只有富裕家庭的学生才负担得起。许多人认为这是其失败的原因。在接下来的教育试验中，人们开始设立劳工学校。大量捐赠资金用于购置土地和建造学校建筑，学校管理层期望学生可以在通过自己的劳动养活自己的同时接受自由教育。但是，此类学校也是昙花一现，当所有的投资消耗殆尽后，它们也像之前类似的学校一样无法逃脱失败的命运。我相信如果把创办劳工学校花费的捐赠资金用于真正需要资助的学生身上，会更有价值。不过，这笔经费也没有白白浪费，至少告诉我们慈善投资者要进行更谨慎的投资，同时也告诉我们，进行专业教育投资时要付出金钱的代价，即使不是自己付出代价，也会让周围的人买单。

高等教育机构的不断变革，虽然一次次地让社会公众的期望落空，但是人们依然不放弃改革大学的尝试。已经试验过的大学教育形式多种多样，也取得了不同程度的成功，甚至有一些经受住了考验。

有人认为，美国大学教育的课程形成已久，它只适应旧时的社会需要，无法适应现在完全不同的美国社会需要。大学课程计划中极力主张的古典课程是没用的，与其花费大量的时间去学习古典语言，还不如认真学习现代语言，因为古典语言与我们目前的工作职责和日常生活毫无关系。除此之外，有人认为美国大学的受教育对象应该包括商人、制造者等社会各阶层公民，这些人对学位的渴望与其他人一样强烈。然而，他们也不希望将自己的学习时间浪费在古典语言的学习上，因此，为满足此类人群对大学教育的合理需求，对学位申请及课程学习的要求也应该做出相应的调整。预计伴随着这些变革的推进，美国大学中将会有越来越多的学生，急切地希望从大学教育中受益并获得学位。

根据上述建议，几年来已经有一些大学做出了改变。在这些大学的课程计划中，古典和科学课程体系的建设齐头并进，学生可以自由选择学习古典语言课程还是学习现代语言课程。学校为此招募教师、划分班级，学生自由选择学习课程。几乎所有愿意攻读学位的学生都可以学习他们想学的课程，都可以成为学位候选人。但是，这样做的结果是什么呢？几乎没有人认可这种大学教育制度，实行了没几年它就消亡殆尽了。

高等数学也经历过类似的变革。对于这门自由教育课程，许多人提出了反对意见，有人建议要用历史或者自然科学来替代高等数学。这一试验在很大程度上与大学教育改革的其他试验是结合起来进行的，然而并没有取得成功。据我所知，那些听从社会大众建议而进行改革的大学并不能得到公众的支持，旨在增加学生数量的改革办法最终却适得其反。因此，一些大学在不断进行各种尝试后，最终都回到了旧有大学制度的老路上。人们渐渐发觉，发现大学制度中的问题要远比解决这些问题容易，同样地，指出弊端也比消除弊端来得简单。上述这些经验告诉我们，社会大众并不一定清楚他们自己的需求，因此盲目地听从他们的建议并不一定是明智之举。

但是，由于美国大学的实际学生人数并没有我们预期的人数多，因此人们认为，美国大学的学生人数增长慢是因为美国大学学费太高了。然而，事实并非如此。接受美国大学教育的费用一直都是很低的，一直以来都比私人教育的学费低很多。

而且，大学教职员工的工资报酬也远低于从事其他职业的人。尽管如此，人们仍然相信，如果可以在大学学费上给学生更多的优惠，那么大学教育将会比现在更加繁荣。当大学学生人数开始减少时，原先发给大学教职员工的津贴会自然而然地被削减，接下来学校所做的努力就是筹集资金为教职员工发放津贴。这些资金有时被用来资助教授职位，有时用于一般学费减免或资助贫困学生。为了达到这一目的，大学会不时地拨出一大笔资金投入到这项工作中。当然，这一举措必将在一定程度上缓解大学学生数量不足的问题。当学校提供大笔的资金资助学生入学时，一定会有很多人愿意进入大学校园。

毫无疑问，大学需要社会各方面的支持和帮助。如果学校投入了大量的资金修建教学大楼，教师报酬也控制在合理的水平，但是采取了这些措施之后仍然不能吸引足够的学生来维持大学运转，那么我们就需要利用公众的慈善捐赠来弥补大学运营资金的不足，维持大学的正常运转。我相信这就是现今美国大学的普遍状况。我相信任何大学，无论它们能够招收多少学生，募集到多少捐款，拥有多有利的条件，它们都会收取学费，并按其他职业正常收入水平，支付大学教职员工的薪酬。在一些大学，每个家庭贫困的学生都可以申请接受大学资助，还有一些大学专门划拨经费资助贫困生，如果他们将来毕业后打算当牧师还可以享受学费优惠或减免。可见，大学教育在某种程度上带有了慈善的意味。大学的建立与其说是为人们提供接受高等教育的途径，提升人们的知识素养，倒不如说是通过这些慈善资金，降低大学运营成本，使得我们提到过的那些想要学习大学课程的人可以用极低的花费接受大学教育。

目前，我认为这种现象不正常。考察一下美国人的工资水平，你就会发现，各行各业的工人的工资水平都不错。当你穿街入户，去检视美国人民的生活状态时，你肯定会说，我们中的大多数人都能承担为孩子提供尽可能好的教育的费用。从我们外在的物质环境来看，任何人都会为自己孩子的教育投入合理的资金，正如他购置家庭用品，如地毯、钢琴、客厅镜子，又或者是购买工具、牲口和农场土地一样。美国民众已经意识到了知识的好处。在美国所有的城市和乡村，私人教师都可以获得优厚的待遇。这一切都让我产生了通过教育提高后代的智力水平的强烈愿望。然而现实却并不尽如人意，尽管几乎所有人为发展公共基础教育都大力投入资金，且这些投资也回报了公众，但是，如果我们仍然想继续发展大学教育，就要极大地降低大学教育的成本，否则无法说服大众接受大学教育。

根据上述事实，我得出以下结论：第一，在美国，不论是社会还是个人都普遍愿意为改善大学教育提供一切必要的帮助。第二，现存大学制度无法满足社会大众的需求。这一结论的依据在于，虽然大学进行了层出不穷的改革，但是仍然没有取得明确的效果。另外，尽管相对于其他国家的大学教育，美国大学教育收费不高，但是，如果大学没有大量的社会捐赠，仍然难以为继。第三，大学教育之所以会面临这种窘境，既不是因为美国民众太贫穷，也不是因为民众不重视大学教育。美国民众宁愿教授别人的孩子也不愿意教自己的孩子，宁愿资助教育也不愿意自己接受大学教育。现在，这些问题都说明了大学教育改革势在必行。自由教育是不错的选择。因此，大学需要推广自由教育的价值，以便那些愿意接受自由教育的人自愿为其买单。把人们普遍热衷教育捐赠的良好愿望付诸行动，以便维系大学教育的正常运转；如果所有的努力都尝试过，但是仍然不见实质性改变，那么我们是否应该对整个大学制度进行审视以便进行更好的调整并最终取得理想的结果？接下来的篇幅就将对这个问题一探究竟。

第二章 美国当前的大学制度

为了达成一个特定的目的，任何社会组织都需要各部门之间通力合作，只有这样才能取得理想的效果。同时，还需要形成各部门共同认可的分工合作的工作方式。因此，当我们谈论政府制度时，指的是行政、司法和立法职能、权力和责任以及实现目的的方式等这些基本概念。很明显，我们只有清楚了解某一制度的各个方面以及制度设计要达到的目的，才可能正确地评价该制度的价值。

从性质上看，大学同样具备上述组织制度的特点。大学具有多重组织特性，履行完全不同的教育职能，享有相应的权利。例如，大学作为一个慈善捐赠机构，大学法人团体有义务保证，完全按照捐赠人的意愿使用受捐款项。大学所拥有的授予学位的权力是社会大众出于对大学的信任而赋予它们的，大学法人团体的职责就在于代表公众监督这项权力的执行情况。此外，学校的教师或行政工作人员的职责，是依照大学章程开展各项教学工作，大学教职员工的任命权掌握在大学法人团体或被委以监事权的管理者手中。即使所有的权力都有明确的条文规定，制定好的大学制度也已经准备付诸实践，人们仍然可以思考这些制度的目的、实现方式和途径。人们在审视任何一种大学制度时，都会提出一些问题。这些问题很重要且与个人无关，因此允许人们自由讨论。大学制度的目的、实现方式和途径仅仅是与制度相关的抽象问题，评价某一种大学制度的好或坏、合理或不合理、完美或不完美，丝毫不涉及执行制度的人的智力、学识或者能力。问题的关键不在于执行制度的个人是否有能力、是否明智、是否值得表扬，而在于假设当他拥有上述优秀品质时，他在另外一个制度中是否也可以发挥他的才能，取得更大的成功。

很明显，美国现在的大学制度直接来源于英国的牛津大学（Oxford University）和剑桥大学（Cambridge University）。这两所大学的共同点是：它们皆遵守按学年分班教学的原则，每位学生学习固定的课程，毕业获得学位，学院实行寄宿制，学校管理人员负责监督学生的品行和日常生活。换句话说，每一所大学实质上都是一所为高年级学生开办的寄宿学校，学校为每位学生提供食宿，进行必要的监管，并且要求每个人在同一时间内完成相同的课程，最后参加结业考试。如无特殊原因，完成上述学习经历的学生最终可以获得文科学士学位。在这些关键因素方面，英美两国大学制度基本相同。

目前有关英美大学制度之间差异的讨论非常少，涉及的内容也不重要。在英格兰大学中，学院并不会为学生授予学位，只有大学才具有这一权力，大学其实是几个学院构成的法人团体。这个法人团体并不会对学生进行直接的学习指导，而是为那些由学院教导的学生授予学位。然而，美国大学的学院不仅对学生进行学习指导，还会授予学生学位。如果我们单独地将三一学院（Trinity College）、圣约翰学院（St. John's College）从剑桥大学中独立出来，赋予它们授予学位的权力，那么这两所学院立刻就与美国新英格兰地区的各学院别无二致了。与英格兰大学的学院一样，新英格兰地区的学院建立之初规模也很小，仅有一位院长和几位讲师。随后教师数量增加，但是这种人数的增加也只能带来大学规模的扩大，并不会影响到大学制度的本质。教师数量的增加丰富了教学方式，但是无论在哪方面都没有改变大学制度下各组成部门之间的关系。

美国第一批学院由剑桥大学和牛津大学的毕业生建立，创建者中剑桥大学的毕业生所占比例更高。后来的美国大学则是由老牌美国大学的毕业生建立的，这些新兴的大学建校之初并没有考虑旧有的大学制度是否能够实现大学教育目的，新建大学大多没有脱离新英格兰的学院已有制度，这一制度也渐渐地成为美国大学的定制。在简要介绍美国大学的早期历史之后，接下来我将会检视大学制度的各个组成部分，以及制度实行的具体方式。

一、大学监事权

出于公共发展目的而捐赠的财产，必须由专人或专门的机构进行管理，不论这笔财产的来源是私人捐赠还是公共财产，受捐机构一般都会将其委托给特定的代理机构来管理。大学监事权一般包括：监督大学财产；聘用大学教师；制定大学管理法规章程，以及不时地查验大学是否实现学校创建者和州政府所期望的办学目的。根据建校章程的规定，有时这些职责的一部分行使权会被不同程度地分配给不同的主体，有时大学教师会行使监事权。这是一种明显的滥用职权的行为，并且不利于大学的正常运行。在这种情况下，监事权的权威性会受到较大的影响。这不符合大学章程的规定，无论如何必须严格执行大学章程的规定。上述情形广泛地存在于英格兰大学的学院中。这些学院按照大学章程的规定，都设置了履行监事权的职位，该职位通常由国王、贵族或是主教来担任。一般情况下，英格兰大学学院的监事都徒有其名，如果一定要说这个职位有什么职责，那就是监督学院是否按照建校章程行动。总而言之，英格兰大学学院中的这种监事权可以说是有名无实。

在美国大学，监事权普遍归属于一般被称为董事会（Board of Trustees）的法人团体。有时会有两个或两个以上的董事会机构共同履行监事权。不论这个大学法人团体的结构是简单还是复杂，都应该设置一个机构，用以专门执行该法人团体的监事权。这个监事机构握有大学的财产，可以决定教师或工作人员的人事任免，规定和调整他们的薪水，制定学校的规章制度并监督其执行，负责监督履行各项职责。董事会最初是由授予大学特许状的立法机构创立的，因而在大多数情况下，其成员有权填补自身组织的空缺。董事会的职位通常采取终身制。除了履行职责，成员不需要向任何人或组织负责。也就是说，如果董事会成员尽责地履行其职责要求，不会得到表扬；反之，也不会受到责难。理论上，董事会不受到任何其他权威势力的影响。他们不会因其本职工作而收到任何额外的报酬，他们只是因为自己履行了相应的义务而感到满足。

正如前文所述，美国大学董事会成员采用终身制，大学董事会有权自行选聘以填补董事会的空缺职位。大多数情况下都如此。在少数大学，董事会成员由大学所在州的立法机构任命，任期为几年。还有一些大学，董事会成员中会有几名政府官员。当然，这些是例外，一般情况下，大多数大学董事会遵循终身制的原则。

据我所知，这些董事会成员在一年一度的大学毕业典礼时会面，举行年度会议。他们的会议时间很短，一般只需要不到一天的时间就能结束。在会议中，他们讨论填补教学委员会或董事会内部中的职位空缺、议定薪水、验收大学运营概况、商议一些杂项的事务、汇报该年度的职权行使情况等。其余与董事会相关的一切事务，则由董事会下属的常设办公室来处理。必须声明一点，大学的所有学位均由董事会授予。

上文中提到有些大学会设立两个董事会，其中一个董事会对大学的课程教学更有话语权。在这种情况下，这个董事会成员碰面开会的次数更频繁，偶尔会讨论一些有关学校中严肃的纪律问题，或是提出日常教学的管理规则。但是，这种特殊的情况仅仅是大学董事会制度形式上的变化，并没有对大学董事会制度产生任何实质性的影响。董事会成员们认为，设立两个董事会的大学制度，并不会让他们更熟练地处理大学教育的相关事务。董事会通常由高级专业人员和资深商业人士组成，他们主要依赖大学行政管理前辈的优秀实践经验，听从其专业建议，并通过与大学管理者分摊权力的方式实现对大学的监督与管理。

二、大学行政人员

大学行政人员主要由一名校长以及教授、讲师组成。大学校长和教授如果具备良好的品行，他们就能终身任职。除非他们有严重的失职行为，否则不会被解聘。讲师不是终身职位，大学每年都会招聘很多讲师，他们的任期一般为两年到三年，主要是为了让讲师们在古典学科和数学的教学方面不断完善自我，在这之前则是为这份工作做准备。

上述这些教职员工负责整个大学的教学和管理工作。一般情况下，校长除了担任学校首席管理者，还要掌管大学中的一些教学部门。对于每一位教授而言，他们的职责是到特定的系中担任教学工作。尽管不常见，但当大学有需要时，教授也会同时兼任几个系的教学工作。讲师通常仅负责组织大学一、二年级的部分教学工作。然而，人们通常认为，至少在理论上持有下述观点：不论这一工作是主动自愿承担，还是由大学行政人员指派，教授都只需要负责自己所在系的教学指导工作。因此，教授需要监督讲师工作，并利用自身丰富的知识和经验指导讲师。大学的纪律通常需要由全体教职员工共同维护。然而，有的时候事实并非如此，有的大学中，一部分教职员工只负责教学，而把维护大学纪律的职责委托给其他人，比如，一些专门受聘从事大学纪律管理工作的员工。

上述这些职员都由法人团体或董事会聘用，或者由其他名字不同但同样行使监事权的大学监事机构聘用。大学教职员工的薪资基本不会变化，偶尔会因为学校资金状况变化而增加或下降。如果大学的学生数量增加，或者获得了额外的捐赠，一般会用于兴建校舍、聘请新的教授或是减免学费，并不会被用来增加现任讲师的薪水。与此同时，薪水原本已经很低了，如果在此基础上再行降低，必定会迫使大批职员辞职。如果学生数量减少，无法维持现有的薪酬水平，大学董事会可能会通过社会慈善捐赠来帮助维持学校运作。由于此类倡议一般打着培养年轻人成为基督教牧师的旗号，因而这种倡议往往会获得社会大众的响应。在相当长的一段时期内，整个大学的教职员工靠慈善捐赠维持生活，因为这些大学的学费收入只够支付员工薪水的一部分。

我相信不同职员职责的分配通常由他们自己决定或根据惯例进行调整。除了上文中提到的初级行政员工之外，职员之间并不存在监管与被监管的关系。一门课程的听课学生数的多少从不会受到教师独特人格魅力的影响，因为学生要获得学位必须参加每位教师的课。这种制度不利于激发教师教学的积极性，因为不论教师付出多少，不论教师的教学成功与否，学生的数量都几乎保持不变。

人们可能认为，既然大学制度失去了激发教师工作积极性的作用，那么可以通过不断加强监事会的作用加以改善。但我认为这种情况永远不会出现。据我所知，在激励教师方面，大学监事机构和行政机构之间从来不存在有效的协调。董事会常常不知道，也不想插手大学内部具体事务。他们仅仅关心应该委派哪个人担任校长主持大学管理工作。

三、大学教育的构成与职能

大学教育是继学生完成高中基础知识教育之后的专业教育阶段，主要培养学生将来成为牧师、律师、医生这三大职业的一员。高中的主要目标是，教授学生普通英语教育的相关学科知识，并同时要求学生掌握参加大学入学考试所必需的拉丁文和希腊文。大学阶段的教育承担的主要责任是传授当今社会所需的知识，培养学生具备从事某种职业的能力。因此，大学所教的知识门类远比中学多，包括拉丁文和希腊文，更多的数学知识，各种自然哲学学科知识，修辞学理论和实践，自然科学的不同分支，道德和知性哲学等。上述所有这些学科知识在大学教育阶段都应该传授给学生。

英格兰的大学和其他欧洲大学之间存在巨大的差别。英格兰的大学不仅提供教育，也为学生提供住宿，以此来确保履行对学生道德的监管责任。英格兰大学的学习条件和环境都是为了实现这个目的而设计安排的。英格兰大学的学院建筑形制通常是一个四方院，只设有一个大门，并且一直有守门人看守。当大门关闭以后，这个院子的所有出入口都禁止通行。如果有学生外宿未归或者晚归，负责管理学生的行政人员一定会知晓。所有的学生和教师都居住在这个四方形的院子中。因为这些学院最开始是仿照天主教修道院的模型而建，这些教师一开始也都是修道士，即使到现在，这些教职员工都被禁止结婚。在古代，学院的学生都是男生。而且直至弥尔顿时代还存在对学生强制性的身体惩罚。我曾在一本学院的院规中读到，该学院禁止学生在行政楼前的大理石台阶上玩耍。学生和教师在同一张桌（a common table）上就餐，这是“共同”（commons）一词的来源。事实上，英格兰大学中的这些学院所设计的制度，都是基于共同家庭的理念建立起来的，即所有的学院成员在同一建筑物中生活学习，低年级本科生的教育和纪律由高年级学生监督。

正如我之前提到的，尽管美国大学建校之初采用了这一制度，但是并没有采取同样的手段来执行。和英格兰学院的教师一样，美国大学的教师同样也承担了管理学生住宿的职责，当然还有对学生道德纪律的监管。但美国大学校舍并不是为承担学生监管职责而设计建造的。美国大学教授通常是已婚人士，并且居住在距离学校较远的地方。公共餐桌常常由学生独自使用，没有规定教师必须监管年轻学生的道德纪律问题。很明显，在这种情况下，美国大学没有完全承担管理学生的责任，当然也不存在相应的实施举措。

英格兰大学与美国大学具有它们各自的独特性。在欧洲大陆和苏格兰的任何一所大学中，都找不到与此相似的大学制度。在除英格兰和美国之外的其他地方，所有进入大学学习的学生，都被默认具有自我管理的能力，学生的父母会给他租住一处合适的住所，是否需要监管也会视学生具体的年龄和情况而定，学生只有在他需要上课的时候才会去学校。因此，大学只担负学生的教学责任，其他责任则由学生自己或者家长承担。由此可以看出，在上述这两种完全不同的学生住宿管理情况下，大学职责不同，必然使得教师的职责存在很大差异，进而对整个大学制度产生实质性的影响。有关大学的管理运作模式将会在本书的其他章节中继续讨论。

接着我们要讨论另一个相关问题。如果大学是按照寄宿学校的模式设置的，那么家长自然而然地会认为他们的孩子在学校也接受家长式的管束，因而也会在子女年纪尚小时，就把他们送到大学中。许多年轻人可能刚过十四岁就能被大学录取，早早地入学了。然而，美国大学的入学要求很低，以至于那些超过入学年龄，但仍然希望通过接受大学教育改变人生追求的年轻人，他们在准备一两年后也可以通过入学考试，进入大学读书。因此，有一大部分毕业班学生的年龄很大，有的甚至要到二十五岁或三十岁，鲜少有二十二三岁的人能够获取文科学士学位。因此，在美国大学中，各个年龄段的人聚集在一起，学习着同样的课程，遵守着同样的规则。我们知道，面对所有不同年龄、不同经历、不同背景的学生，大学非常有必要让身处同一所大学中的每一个成员都遵照执行同样的规章制度。这就是目前美国大学的制度。虽然它有很多值得称颂的优点，但是，想要将这种制度付诸实践显然需要付出更多的努力，克服更复杂的困难。

四、大学课程

假设按照上述制度组建了一支大学教职员工队伍，让我们继续来检视该大学制度运行的情况。每学年开学，都会形成一个一年级新生班级。新入学的学生要通过由学院组织的测试之后才能入学。进入大学之后，大学会给每个学生分配一个房间住宿，或者在大多数情况下，两个学生共用一间宿舍，新建的大学宿舍都是两室一厅的格局。就读期间，学校要求学生必须居住在学校提供的宿舍，尤其是晚上，学生无故不得外宿。学生的伙食通常由学院以成本价提供。每位学生的学费和食宿费都是一样的。学生在读期间，其他额外的费用支出，则视学生的个人情况而有所差异。

在整个课程的学习过程中，学生每天要参加三次日常诵读课或讲座，每节课或讲座的时长大约为一小时，但部分学校上课时间会相对缩短。班级人数太多的时候，会被拆分成两到三个小的教学班，每个小班成员都学习同样的课程，但有时会根据学习成绩对学生进行分班，成绩好的班被分配的学习任务也更艰巨。高年级的学生一般不再按成绩划分班级，因为对大学里高年级的学生的教学多以讲座的形式展开。

美国大学仿照英格兰学院的制度，一年由三个学期和三次假期组成。假期总长为十二到十三个星期，放假期间学生和教职员工可以自由安排时间。其中一个假期可以延长到六至八周，一般安排在夏天或者冬天。考虑到师生的健康以及教育的效果，一般都选在夏天放长假。考虑到当时有很多年轻人会在冬天前往乡村学校从事短期教学工作，有可能会因此缺席大学课程，为解决这一现实问题，有些学校会延长寒假的时间。

考试的时间放在学期末和学年末，或者是其他一些特殊的时间。所有学生都要参与考试，考试围绕他们学习的所有内容展开。由于是采用口头考试的形式，因此需要集中的、大量的时间。用这种方式进行的考试，一次只能考核一名学生，对每个学生学识的审查既不会很严格，也不具备持续性。我相信考试的内容仅仅局限于书本上教授过的知识，在这种情况下，学生只需要背诵教科书上的内容，而不需要额外学习课本外的知识。

就我所知，考试由教师自行在学期末进行，由拥有监事权的人负责监考，但这个规定从未能有效实行。有时候，会成立一个临时考试委员会，考试结束就立即解散。有时候，考试委员会成员由对教育感兴趣的人组成。这种情况下，有时可以成功，但多数情况下都是以失败告终。美国只有少数学校可以指望上述计划为教师的教学活动提供有效的帮助。

考试过后，如果某一位学生不合格，他的成绩有时会被公之于众。为此他需要在假期补习不足，有时需要去一些机构接受补课。除非他通过学校的所有课程考试，否则他将不具备申请学位的资格。

在一年的学习结束后，每个年级中那些合格的学生将会升入更高一级继续学习。这样逐级完成四年学业的学生，他们就成为文科学士学位的候选人，这是一个自然而然的过程。

大学的法人团体规定大学的学习课程安排。除了细微的差别外，北美各个大学的学习课程非常类似，以至于在某一大学中成绩优异的学生也可以轻松考入其他任何一所大学。为了简要说明新英格兰学院的课程安排情况，我节选了一所大学发布的课程目录，该目录是1841年到1842年，申请文科学士学位的必修课程，包括：拉丁文方面，需要学习李维（Livy）、塔西佗（Tacitus）、贺拉斯（Horace）、西塞罗（Cicero）的《论演说家》（*De Oratore*）和尤维纳尔（Juvenal）的拉丁文选集；希腊文方面，需要研习色诺芬（Xenophon）的《远征》（*Anabasis*）、《失事记》（*Memorabilia*）、《伊利亚特》（*Iliad*），索福克勒斯（Sophocles）和埃斯库罗斯（Eschylus）的一些悲剧作品，以及德摩斯蒂尼（Demosthenes）的《国王的讲演》（*Oration for the*

Crown）等希腊文选集；数学方面，需要学习几何、代数、三角函数、平面和球面以及它们在数学中的运用和解析几何；自然哲学方面，需要学习力学、气体力学、流体静力学、光学和天文学；自然科学方面，学习的内容有化学、植物和动物生理学以及地质学；哲学和道德科学方面，包括修辞学的理论和实践、逻辑学、知性和道德哲学、政治经济学、巴特勒的《宗教类比》（*Butler's Analogy*）以及《美国宪法》（*American Constitution*）。上述教学内容，除了用授课法，还有许多采用讲座和大量的实验方法教授给学生。

每个完成了大学课程学习任务的学生都会获得文科学士学位。后来课程学习被划分开了。根据学生的选择，第一学年学习结束后，现代语言、历史，还有一些物理科学的分支学科将会取代拉丁文、希腊文和数学的学习，而那些选择学习现代语言、历史和物理科学分支的学生也将会和其他人一样能够获得相同的学位。文科硕士学位会授予那些在获得学士学位后继续学习三年的学生，他们需要提交申请并交纳规定的学习费用。待学生毕业后，他与大学的关系就终止了。在英格兰，如果他交纳一笔小额的年费，他将仍是这所大学的成员，在大学评议委员会（senatus academicus）占有一席之位，并享有该组织的投票权，而且如果他愿意的话，他将有机会进入更高一级的、为数不多的法学院、医学院和神学院中继续深造。在美国，所有的文科硕士都是荣誉性的学位，授予那些取得了卓越工作成绩的毕业生。大学互相之间也授予毕业生硕士学位，但我认为更合适的方式是这种学位只应该授予自己的毕业生，并且只能由法人团体或者说是董事会授予。

我始终认为大学除了培养学生热爱真理的学习兴趣之外，

还有必要建立激发学生努力学习的奖励制度。年轻人天性爱玩，大学制度中需要为年轻大学生在学业上的努力提供适当的奖励，只有这样才能帮助他们控制喜爱玩乐的天性，激发出对知识的热爱，以及对其未来职业前景的憧憬。虽然我们可以通过不断增强学生的责任感促使他们努力学习，但是我们也需要适当重视如何建立各种激励措施提高大学生的学习积极性。在欧洲大陆的大学，学生获得学术荣誉比较困难，没有良好的大学教育基础也无法入学，这一切都有助于激发学生的学习积极性。

在我看来，英格兰大学的奖励制度并没有取得理想的成效。学校每年为优秀学生所提供的各种类型的奖励都非常可观。除此之外，各大学拥有三四百个奖学金奖项，每年这些奖学金的数额高达两百英镑，这些奖学金一般依据考试成绩颁发给那些最优秀的毕业生。

大学教师任职一般采用终身制，大学从中挑选讲师、院长、教授和其他学校行政工作人员。除此之外，每所大学或它的一些学院都有教会捐赠收入，用于资助大学教师或其他杰出人士。

虽然，所有这些都是切实存在的。但是，这一切并没有对英格兰大学的学生产生切实有效的激励作用。牛津大学和剑桥大学是英国社会体制的重要组成部分。这两所大学是英国上流社会青年的聚集地，他们在那里相遇并相互了解。英国各个郡的父母们都把热切的目光聚焦在这两所古老的大学上。法庭、讲坛和议会都渴望招揽到牛津和剑桥大学的毕业生，毕业于这两所大学的年轻人是同辈人中的佼佼者。除了大学这种组织形式，在英国再没有一种组织能够让学生之间产生如此众多且牢固的社会关系。

现如今，大学在社会各方面都发挥着重要作用。每位杰出的人物，一生都与他曾经学习过的学院和大学保持着联系，并为此感到自豪。在大学中，他饶有兴趣地听着一切与大学发展有关的事情，并且为他的大学或学院中每一个杰出的校友感到骄傲。在最近一次剑桥大学高级执事（high steward）的选举中，一些绅士从英国各地赶来，目的只是来参与投票。这并不是一个特例，恰恰相反，这种情况非常常见。这也表明英格兰教育阶层对大学教育机构的尊重。

大学具有非常重要的社会影响，为此大学必须在社会中发挥自己的作用。大学要向所有的人表明将会录取那些有天赋的人，并把他们培养成为优秀之人。因为人们对他们寄予厚望，所以使他们感觉到只有不负众望，才能实现自身的价值。有一天，我路过威斯敏斯特厅的法庭，与我同行的是一位非常有学识并且很优秀的朋友，他同时也是一位英格兰议会议员。当他向我介绍那些杰出的法官和出庭律师的身份信息时，总是首先介绍他们的大学教育背景。英格兰非常看重社会地位，大学教育是提高人们社会地位的重要手段，具有非常重要的作用。因此，当社会体制的所有力量都作用于大学时，我们就可以形成一种激励学生的社会观念。

通过上述分析，我们可以发现，美国和英格兰的大学之间并不存在相似性，自然也不必遵照任何类比或联想法则，将这两种大学制度联系起来。在美国的大学中，毕业典礼上演讲者的排序是按照其所获奖学金等级来决定的，但即便是这种传统也行将废止。慑于公众不满的呼声，我们的一些大学组织将这种传统视为敝屣，唯恐与这种所谓的“精致的贵族行为”扯上关系，弃之而后快。就我所知，几乎没有几所美国大学仍然保留为优异者提供奖学金奖励的传统。美国被划分成若干个拥有独立主权的州，因而，不曾存在一个像伦敦一样的社会中心。一个毕业生一旦课程结束就离开他的大学，与此相随而终结的是他与大学的关系和他在大学中培养的兴趣。我们没有令有才能的人心向往之的社会中心。同一个年级的学生，一旦他们踏出学院，立刻分散到全美国的各州各地。学院或者大学并没有成为社会体系中不可或缺的一部分。

Ibant obscuri sola（soli）sub nocte per umbram.[1]

（在一个孤零零的夜晚，两人走在漆黑的阴影之间。）

大学与社会之间的联系并不密切。当大学急需公众捐款的时候，社会公众也愿意为大学捐赠。总的来说，社会大众还是对大学教育非常感兴趣，并且希望大学可以向社会的大多数阶层提供教育。但是，社会大众对大学教育的关心到此为止。在人们为教育投入资金后，他们大都不关心这些钱的用处。因此，大学制度也就不需要和其他制度产生联系。任何国家都没有像美国大学一样，大学教育内容与学生之后的生活与职业密切相关。在西点军校，学生在课堂上的地位决定着将来他在军队中的地位。只有每个人都看到学校教育与现实生活之间的联系才能激发他们努力学习和养成良好的行为习惯。美国大学为此深受其害。

① 古罗马诗人普布留斯·维吉留斯·马罗（Publius Vergilius Maro）的名句。——译者注

因此，我力图简要提出关于美国大学制度的看法。这些观点或许对于某些读者来说略显沉闷，对于另外一些读者来说过于简单。然而，为了达到本书的写作目的，我认为，有必要概述现存美国大学制度的特点，只有这样才能够揭示美国大学教育制度。

接下来，我将会继续讨论美国大学制度的各个不同方面，指出各自的缺点，并提出改进建议。

第三章 美国大学制度中存在的问题及改进方法

一、大学监事权

第一个将要讨论的问题是：在美国大学的组织体制中，践行监事权的必要性从何而来？当我们区分建立公立教育机构与建立私立教育机构之间的差别时，这个问题的答案就会马上浮现。一所私立学校，比如说一所私立文实中学，一般由教师自行建立，它仅仅是出于创建者个人的利益而被建立。正如其他市场的制造者一样，他会关心市场上最需要的产品是什么，得到了满意的回答后，他为那些有意愿且有能力购买的人提供产品。如果此类私人教育机构的投资者与他的顾客意见一致，那么这个教育产业的发展前景就非常可观。如果他们意见相左，则会导致该项教育事业的失败，他必须采取措施，要么舍弃它，要么改良它。如果他的雇主满意，那么他的事业将会善终。如果他不称职或不忠，那么这项教育事业将在短时间内做出反应并进行自我调整。公众对于私立教育机构的发展结果一点也不感兴趣。除了那些付钱给学校或教师的家长们，这种私立性质的教育实验的成功与否并不会引起公众的关注。尽管如此，教师也没有豁免权，他们仍然需要对学生的教育负责。公众既然没有提供资金支持，因此也就无权干预相关事务，也不能质询创立者对学校的管理是好是坏。

然而，公立教育机构的上述一系列权力则应该保留在社会大众手中。这其中涉及多种情况：

（1）某一个大学的建立资金由公众提供。大学机构的建立要么是由整个州提供资金支持，要么是由州里的许多个人提供大量资金支持。为了这一共同的目的，每年为大学提供立法捐赠的情况并不少见。我估计用这种方式注入新英格兰地区大学的资金总额高达一百五十万美元。这笔资金的注入有特定的目的，显然，公众有权对大学的这笔资金行使监事权，这样才能保证注入的资金按照原定的计划被恰当地使用。董事会或大学法人团体是公众监事权的代理机构，它们必然要遵照学院创立的宗旨来行使监事权。

（2）有一些大学具有颁发学术学位的权力，或者具备授予某种文学和科学的职业资格证书的权力。在很大程度上，这些学位是人们要从事这两种职业所必需的。尽管近来这些职业的从业资格要求有所放松，但是，人们也仍表现出获得学位的愿望。无论如何，这种现象都表明，大学的学位证书绝对没有失去它的价值。如果一个人学习并考试通过了大学通识教育规定的所有课程，那么他所处的社会就会认定他为有教养的人。很显然，如果一份学位证书得到了发证机构的严格认证，那么这份学位证书将会是一个即将进入社会的年轻人的傍身利器。学位证书为他提供了不被轻视的优势，也为公众提供明证，无需再做测试，证明他曾经接受过一段时间的大学通识教育。事实证明，一个社会的文化素养和理智水平，在很大程度上受到大学代表的学识水平的影响。如果学位证书的获得者仅仅掌握了基本英语语法和地理知识，而这些知识就是一个社会对有教养的社会成员的全部要求，难以想象这样一个社会的理智水平将会是什么样的。大学具有颁发学位证书的专有权力是大学和私立教育机构之间的第二个不同点。

接下来，让我们探讨大学被授予这些特权的理由。

我认为毫无争议的是，捐赠大学和授予大学特权不是出于资助大学教师的目的。大学教师不应该享有自己的工资高于其他职业的特权。一名教师并不能因为他教授希腊文和几何学，而不是英语语法和算术，就可以向公众提出更高的薪资要求。公众出于对希腊文和几何学这些古老学科的尊敬，会做出一些有利于教授希腊文和几何学的教师的规定，使他们偶尔可以从中获利，但这并不能成为社会为此类教师提供高薪的理由。

公众授予大学特权也不仅仅是为了培养更多的律师、医生、牧师等专业人士。这可能很大程度上由个人偏好和天赋来决定。在任何文明社会，专业劳动力的供给和需求至少应该达到平衡状态。正如市场上供人买卖的物品一样，需求创造了供给。如果急需某种劳动力，就会吸引大学大量培养这方面人才以满足社会的需要。在专业人才培养上，我们需要担忧的不是人才供应不足的问题，而是人才过剩。

（3）公众授予大学特权的目的也不是要大学制定一个让尽可能多的人接受大学教育的基本标准。制定这种标准很困难，因为既要让那些渴望接受大学教育的人认为上大学很有意义，又要让所有愿意上大学的人能够接受大学教育，这是不可能的。如果要使所有期望接受大学教育的人都能入学，唯一的办法就是放弃任何招生标准。这样一来，虽然大大增加了拥有大学文凭的人数，但对他们来说却没有带来任何改变。大学会培养出大量平庸的人，对推动社会思想发展起不到任何真正的促进作用。

（4）上文提到的这些对通识教育的鼓励措施，它的目的在于促进国家的智力资源充分发展。为了使一个社会达到最理想的状态，整个社会就应该做到，无论在什么时候，只要发现以任何形式存在的不寻常的天赋，就必须培养他们，使这些天才能够为社会做出最大的贡献。这些天赋分散在社会的不同阶层的人群中，而不是仅限于富人阶层。但是，从事人类思维发展的教育事业花费非常高昂，其中包括：购买图书、仪器、实验室设备以及聘用优秀教师的巨额开支。如果所有这些花费都是由私人承担，那么接受教育的费用将会非常高，只有少数富人才能负担起学费，结果导致我国大部分天才无法接受大学教育。这就是大学教育的大部分经费应该由公众的财产来支持的原因，这也是教育应该面向所有人开放的原因。大学建立的初衷并不是面向穷人也不是面向富人，不是向所有求学者传授一点希腊文、拉丁文或是几何学知识，而是通过将科学之光洒向有资质的人，进而为国家培养最高级的人才并提高全体公民智力品质。

通过上述描述，我们可以清晰了解到大学董事会和法人团体所承担责任的本质，通常就是监事权。为了践行这一目标，公众或个人将资金支配的权力完全交付给拥有监事权的人。拥有监事权的人也拥有任命或解聘学校工作人员、颁发学位证书、为学位申请者制定获取学位所需课程的权力。他们拥有一般的监管权，并且可以在法律规章允许的范围内适时地调整和修改通识教育的课程；在相当大的程度上，他们有权要求大学按他们的期望来提升学生的智力，塑造学生的性格。当新英格兰地区大学董事会受托金额超过一百五十万美元，并将这笔资金用于完成相应教育目的时，该机构将有权指导投身教育事业的勤劳且有能力的人们开展教育活动，它的重要性由此可以窥见一斑。如果我们的教育体系全面改进失败了，新英格兰地区大学董事会就必须承担更大的责任，由此失败带来的耻辱将会永久留存在美国大学历史上。

假定上述原则是正确无误的，那么，我们就来简单地探讨一下，拥有监事权的人应该具备什么样的资格：

（1）应该有能力履行其职责。职责包括：聘任教师，因教师的失职而解聘教师，规定合适的学习课程。所有上述职责均要求该机构成员拥有一定的学识，并且拥有教育理论或实践经验。如果一所大学的学校委员会不能恰当地任命和管理学校的人员，那它会被认为是辜负了民众的信任。但是，学校委员会事实上就是监事机构，它与学校的关系就如同大学董事会与大学的关系一样。除此之外，此类委员会工作的成效，主要取决于委员会成员的学识和能力。我曾听说一所大学董事会的年轻成员，在参加希腊文考试的两个小时中，书本都是颠倒放置的。虽然这种情况经常发生，但在大学董事会中，很难会对仅有这样学识水平的成员的决定给予尊重。

（2）在履行其职责时，他们应该秉持高风亮节的精神，不考虑个人或其他相关动机。为了取得成功，一所大学必须用自己的规则进行管理。大学的目的是发展学生的智力。从这一目的出发设定所有的大学管理规则，大学将会取得成功。同样地，那些基于大学最本质目的出发、履行职务职责办事的人，最终会功成名就，但如果他屈从于任何其他目的，那么他将注定失败。因此，大学法人团体的成员不能受恐惧、偏袒或喜爱的感情支配行事。所有正式的官方行动均需要采取平等且客观中立的态度。他们需要明白，大学教育管理中并不存在政治和宗教的派别差异，他们只需要履行其职位赋予的责任和义务，为了大学的利益最大化而履行人员任免的职责。

（3）监事机构成员数量应该很少。虽然我不能保证法人团体一定会坚持正义，但是，我认为在一般情况下，法人团体的规模过大会降低该机构的办事效率及处事的公正性。机构规模太大，职责过于分散，多数人权力的威慑力就更大。在这种情况下，党派的精神更容易被践行，阴谋诡计也更容易被实施。当组织内部只有少数人时，组织成员会形成一种对自我行为和观点负责的意识。相较于更大和更混杂的组织关系，这种直接的人员组织关系使大学监事机构成为对大学发展而言更加保险的智囊团。

（4）监事机构成员应该有限定的任期，而不是终身任职。选择一个人担任终身的职务特别容易因一时疏忽而出错。在这种所有职务均采用终身任职方式的社会中，所有的事务在很大程度上都容易停滞不前。像杰斐逊办公室工作人员一样的低效者，反而会一直占据着这个职位，因为他们“很少死于任上，也不会辞职”。但是，相关职位的任期也不能设计得太过短暂，这样容易妨碍到相应工作计划实施的全面性及稳定性。董事会管理的一种比较明智的做法是，以两到三年为间隔，定期更替部分成员。用这种方式可以保证其大多数成员保持对学校事务的熟悉度，也可以阻止一些因对学校相关计划不熟悉而带来的不成熟和轻率的变革。能够解雇一个效率低下的成员，这对任何公司来说都是一个不小的优势。

（5）如有可能，拥有监事权的人应该由该机构外部选举产生，并对选举人负责。这将大大有助于提高效率，并在必要时提供适当的纠正措施。如果上述方法不可行，拥有监事权的人需要根据他们的作为进行年度总结汇报，便于公众对他们进行监督。

很明显，为了使大学系统中的监事权能够有效地实施，拥有监事权的人应该按照本文阐述的办法选出。但是，“有效地实施”并非指他们要事无巨细地干预大学管理中的每一项活动，或者参与到每一次诵读课的教学活动中，更不是指他们可以篡夺教学部门的权责。教师应该有自己的职位和特定职责，他们的权责都不容被任何人篡夺。为使大学制度良好运行，制度管理下的所有成员都应该保持活力，各部门和谐运作而不受其他部门干扰。构建这样一个制度正是拥有监事权的人的职责所在，为了保障大学这部“机器”自行运转而不需要无休止地修补，他们需要制定不同的激励措施，并使之对每个部门产生影响。应该将这些原则落地并制定规章，由大学教师成为规章的执行者，且教师在执行规章的过程中应该是自由且独立的。但是，他们的“自由且独立”应该在大学的规章范围内，不论结果是成功还是失败，每个教师都应该为自己的行为负责。

接下来我们将监事权作为现存的一项事务，来检视其在大学组织中履行的职能与上述原则相对应的程度。

（1）大学董事会具备履行监事权的资格吗？他们有能力判定委任者的资质及其赴任后的表现吗？他们对教育特别感兴趣吗？他们任职后会特别关注教育吗？他们会以高度的责任感全身心投入这一项特殊的工作吗？他们是出于政治或其他目的而不是遵从本文中所提议的原则当选为董事会成员吗？任何熟悉大学制度实际运行工作的人都能像我一样很好地回答上述问题。

希望我的上述言论不会对那些担任大学董事会职位的同僚们造成困扰，让他们误认为我有任何不尊重之意。我知道他们都是从当地优秀人才中遴选出来的，并且我相信他们不会因为我对大学监事权问题进行了充分讨论并提出了一些改进建议而感到被冒犯。我所言并非针对他们中的任何个人，而仅是就事论事。他们很少去思考他们职位的意义，他们通常是因为代表大学的朋友的意愿接受这个职位。没有人要求他们履行任何职责，他们也不认为他们有这个义务。这不仅是董事会自身的错误，也是整个大学的错误。由于整个大学忽略了这个重要问题，他们为此付出了代价。

（2）关于个人荣誉，我认为我们的董事会成员们都是无可挑剔的人。他们不可能轻率地从个人的考虑出发，而不顾他们所管理的大学的利益。但我也不能肯定，当他们被立法机构任命时是否受到政治倾向的影响。他们在这方面犯错误往往由于宗教信仰的差异。在这个国家，几乎每一所大学的兴衰，都受到一些宗教教派的控制和影响。因此，理所当然地，教派不仅在大学的董事会中占优势，甚至在学院所有具体事务中也发挥着主导作用。这种情况可能是合理的，也可能是不合理的。董事会必须遵循建校时制定的大学章程，但有时候这也会限制大学的发展，他们把大量的精力浪费在一些无关的事情上，而不是把大学当作一个学习机构来看待。我并不是说大学与宗教的联盟是不必要的或不明智的。我完全了解宗教对大学教育的意义，两者的联盟利大于弊。而且，如果没有教会的帮助，美国的大学就不会存在。我讨论这一个问题的目的在于提醒大家重视这个问题。如果这是大学发展必经的坎坷，那么我们也没必要因为惧怕这种困难而裹足不前，以至于影响大学更好地发挥作用。在某种程度上，我认为大学制度中存在问题的部分原因来自宗教。部分原因在于大学需要社会资助，因此需要一大批知名人士向公众宣传大学，他们能够提高大学的社会影响，同时也可以让学生的父母相信大学能够很好地开展工作。尽管董事会的职责是仪式性的，但是董事会成员出现在大学的各种仪式上，他们从自身所肩负的责任感中获得满足感。董事会是沟通公众和大学之间的纽带，要发挥好相互之间的影响作用。如果董事会成员要实现公众的愿望，却不具备相关的知识，就很容易产生错误的行为。如果董事会成员渎职，则会影响那些玩忽职守的教师受到公正的处罚。我深信董事会成员如果意识到自己所担负的责任，就不会是这样了。我的主要目的就是让他们明白自己所承担的责任，他们应该发挥真正的监管责任，督促大学不断完善自身的管理能力及水平。

（3）各个大学董事会的构成人员数量各不相同，一般在十二人以上，有时甚至高达五十人。在由两个管理委员会构成的法人团体中，有时董事会的人数甚至多于五十人。我认为董事会成员最多有十二人就足以保证大学管理有效运行，当前美国大学董事会的人数太多了。

（4）我们的董事会成员的职务几乎是终身制的，出现的空缺由董事会自行填补。因此，他们不对任何人负责。他们的工作事项很少公之于众。在这种情况下，绝大多数人从董事会创立之初就在其中任职，这种现象从未改变。这种制度是有缺陷的。

我认为，到目前为止，美国大学的监事权在设计之初就没有考虑到董事会成员具有哪些职责以及如何有效地监督这些职责的履行。虽然大学最初制定的管理制度在一定程度上被严格执行了，但之后也没有考虑如何进一步加以改进。很显然，任何一项教育计划的改进和完善都主要取决于大学制度中的监事权。希望进一步阅读和了解与此相关的研究的读者可以参见爱丁堡大学的逻辑学教授威廉·汉密尔顿爵士的一篇文章，这篇文章于1834年4月发表于《爱丁堡评论》（*Edinburgh Review*）第119期。

但是，也许有人说，虽然我们的大学组织制度有缺陷，但也忠实履行了相应的教育职责。也许实际情况正如这些人所言，在新英格兰地区，我们学院董事会的成员们深刻地认识到，这个国家的智力品格要靠他们自己来提升和发展。他们秉持这一庄严信念认真地履行他们在大学中的崇高使命，大学的发展离不开他们所付出的劳动与努力。我认为这也许是事实，但并非都如此。我担心公众并不认为是这样，董事会如没有很好地履行他们的职责，其成员也不应该为此受到指责。因为这是由我们没有重视这个问题而引起的。

也许有人说，美国大学组织得很好，并不需要像我前文所说的那样去监管。在这里我不讨论美国大学管埋人员的个体情况，我们需要选拔那些善良的、聪明的、正直的人担任大学管理人员。我认为，美国大学教育制度比其他任何国家的大学教育制度更需要加强监督。大学管理人员获得报酬的方式是薪资，他们在同一所大学里的报酬一般差别不大。工作干得好坏基本上不会影响他们的薪酬。这种制度无法提高他们的工作积极性。由于缺乏基本的激励机制，很难激发大学管理人员崇高的使命感和责任感。如果他们不是可敬而正直的人，他们就根本无法履行好他们的管理职责。

因此，美国大学教育制度改革的首要任务是改善董事会的组织结构。在我看来，除非董事会成员能够真正履行好所承担的重要职责，否则就没有存在的必要。他们是大学和公众之间的桥梁，如果不能激发他们作为教师的使命感，就会对整个大学教育制度造成损害。既然董事会成员所承担的职能的确非常重要，就应该让他们有效履行工作职责，让他们在最能激发热情、效率和荣誉感的工作岗位上努力工作。

我知道对此可能会有很多反对意见。例如，有人认为，大学是慈善机构，通常受制于建校所制定的大学章程，而现在的大学制度只不过是其中的一部分。这种说法是正确的，至少目前为止是正确的，但是我明白如果不把整个监事权都委托给一个小而负责任的委员会，大学章程就无法进行修改；还有人认为大学经常接受来自某个教会的捐赠，主要目的是为教会培养牧师，他们不会接受我所说的理由。这可能又是一个不可逾越的障碍。另外有人认为，立法机构任命董事会成员任期制度会受到政党的干预而失败。我承认上述现实。如果政客们像维吉尔（Virgil）在希腊神话中描绘的哈耳庇埃（Harpies）①一样，坚持要亵渎那些她们吃不了的食物，那么这个问题将无法从源头上得到解决。也可以说，在这个问题上，社会大众没有足够的兴趣推动这方面的任何改变。此外，尽管可以提出大学教育制度改革的建议，但如果缺乏有能力的人去执行或者他们不愿意投入必要的时间和精力履行好职责，便仍然无法避免在实际执行中失败的命运。如果真的如此，那么美国大学制度的改革就毫无希望可言。但是，有些困难是可以克服的，毕竟“有志者，事竟成”。只要我们充分重视大学教育，就一定能够解决这个问题。我们不能等到美国社会化和道德水平发展到较高程度后才开始解决这个问题。

据此，可以得出以下两个结论：如果社会大众没有足够的精力，并且缺乏自我反省的意识来推动高等教育机构的发展，那么我们应该正确认识美国大学中存在的问题，而不是责怪大学没有回应社会大众的期许、没有完成大学的分内之事。与其

① 希腊神话中的鹰身女妖，长着少女的头和身体，长长的头发，鸟的翅膀和青铜的鸟爪。被神派来折磨菲纽斯，会抢走或污染菲纽斯的食物。——译者注

改变大学课程，开展大学教育改革，不如让我们努力唤起整个社会大众对高等教育的重视。我们要找到病根，绝不能“头痛医头，脚痛医脚”。只有整个社会清醒地意识到这个问题，所有其他的问题才可以迎刃而解。

无论我们是否对美国大学教育制度感到失望，有一点是肯定的，即现有的大学教育制度必须改变。现有的大学教育制度离不开有效的监事权。如前所述，董事会实际上是代替公众行使对高等教育的监事权。如果现行的董事会机制不能发挥其应有的功能，那么就应该废止它，让大学制度中的其他部分发挥作用来弥补由此导致的缺陷。

二、大学教职员工

前一节中论及私立大学的性质时，我提到私立大学的教育制度是根据家长和教师之间的关系制定的，家长根据自己的需求选择教师的角色，并据此采取相应的行动。如果家长发现自己被欺骗了，他就去找另一个教师，任何其他教师都可被雇以完成此任务，每个人相对他人而言都没有任何规定性的特权。但是，这一情况在公立的高等教育机构中发生了改变。在公立高等教育机构中，大学享有授予学位的特权，只有学院或大学才能颁发学位。此外，公众承担监督大学的责任，负责向它们提供公共资金，并要求其承诺合理使用这些资金。同时，公立高等教育必须满足社会的实践需求。

因此有必要建立这样一种大学制度，大学聘任最优秀的教师，鼓励教师尽职尽责地完成其本职工作。

首先，要确保大学的教师由社会中最优秀的人担任。为了实现这一目标，聘任教师的权力应属于董事会。只要他们有能力并且愿意履行他们的职责，所有需要做的事都可以做到。董事会根据什么标准遴选教师呢？据我所知，在苏格兰，教授职位的遴选主要取决于候选人的家庭、政治或宗教背景。在英格兰的大学中，大学章程规定了由谁来选聘教授，教授职位一般由那些具有卓越学术成就的人担任，教授队伍属于单独的学术体系，独立于大学日常管理工作体系之外。在法国，大多数院系的教师聘任由教师遴选委员会负责，由他们对所有候选人进行严格彻底的审查，候选人之间也互相监督。在德国，因为每个毕业生都可以获得大学教学资格证，每个人都有机会向公众展示他的教学能力，并以此来申请大学中的空缺教席。我不能决定美国应该采用什么样的大学教师选聘模式，但这个模式应该要保证大学可以从候选人中选拔出最有才能的人，那么答案就显而易见了。大学教师的选聘模式应该是允许自由竞争的，也应该涉及相应的考试制度，以避免来自社会大众对此模式的反对，并且这种考试应该以完全公正的方式进行。如果我们所有学院的教授职位都是公开竞争的，而且每个候选人的选拔过程都将根据实际情况来决定，那么这个国家对智力培养的关注度就会大大增加，社会大众也会越来越信任大学对教授的学术任命。

其次，教师职位的任期和薪酬应尽可能取决于任职者付出的劳动和取得的成果。可以适当保证他们的基本工资，其余的应该靠他们自己的努力。教师可以通过提高其授课质量、增加选课学生数量来增加自己的收入。然而，只有一门课程由多位教授讲授，学生根据教学效果选择课程，而不是每个教师的课都平均分配学生，那么上述教师薪酬的激励制度才会发挥作用。如果按照我的建议聘任教授，他们将同其他职业的人一样积极工作。一旦教师知晓他的报酬和声望的提高与自己的付出有关，他就会把自己的全部精力投入到大学教育事业中去，公众也会从他全神贯注的工作中获益。这样一来教师就都会努力工作。当工作能带给他们对应的报酬时，大学教师更愿意完成新的任务。在这种情况下，每个教师都希望可以尽其所能去做好自己的本职工作。如此一来，即使没有监事机构，大学也能够很好地自行运转。

对照上述原则审视大学教师的聘任制度，美国大学制度在以下几个方面是有缺陷的。

从理论上讲，管理大学的整个权力都掌握在法人团体或董事会手中。这种权力分配的设置不需要改动。但是让我们设想一下，大学教师是如何任命的？在大学教师选聘制度中，是否引进并已经承认了某种形式的竞争？是否通过考试检验了这些大学教师候选人与空缺职位的适配性？是否采取了一些手段使董事会能够确保某个教师职位将由最佳人选担任？据我所知，目前美国大学在聘任教师方面是非常不完美的。在一些美国南部学院中，教师聘任的程序是：学院发布教职空缺的信息，然后候选人发送他们的推荐信，由学院根据这些推荐信的情况对候选人进行筛选。但是，任何一个真正了解推荐信来源的人，都知道不应该在任何重要的事情上完全依靠推荐信。一个候选人的推荐信往往只能证明他具备坚持不懈的品格，但不能证明他具备其他能力。

可能会有人心存疑问，如果不采用这种方法，大学教师的聘任该如何进行呢？我认为大学教师的聘任应该由全体教师委员会决定。在理论上，他们无权决定他们同事的聘任，但既然具有这种权力的董事会不重视这一重要职责，那么全体教师委员会就不得不履行本不属于他们的权力。教师委员会通常从所了解的人中挑选一个他们认为最适合这个职位的人，然后得到董事会的认可。事实上大学教师是由全体教师委员会提名并由董事会聘任的。但由于全体教师委员会和董事会之间有良好的协调，全体教师委员会提名的教师几乎都会得到董事会的认可。因此，实际上聘任教师是由全体教师委员会自己决定的。

由于大学教师聘任制度正在形成过程中，这可能是目前美国能设计出的最佳方案。在董事会对教育不感兴趣，也不知道自己的职责，不征询学院教师的建议就做出教师聘任的决定的情况下，他们很可能受到来自外部的政治、宗教以及个人因素的影响。我知道很多不合适的候选人都是通过这种方式被聘任为大学教师的。这是一种极端不合理的现象，这种卑鄙自私的行为不仅损害教育利益，而且还让许多勤奋的、令人尊敬的人用他们辛勤劳动所得的收入去供养低效的、有时甚至产生不良影响的大学教师。我并不是说任何品德高尚的人只要静心想一想他们的行为所造成的后果，就会为自己的过错深感内疚。但是，如果偶尔因为轻率而犯错，他们就应该为这个错误负责。

但是，显然负责聘任教师的工作人员在挑选他们推荐的候选人时会感到非常尴尬。首先，应聘教师需要具有各种能力，这些能力又不可能是所有人都具备的。教师除了掌握他所学专业领域的知识之外，还必须具有传授知识的能力。他还必须是一个纪律严明的人，有能力管理他的班级，激励学生们勤奋学习，并承担维持大学良好教学秩序的责任。除此之外，由于美国大学里的工作人员的联系密切，他还应该是一个和蔼可亲的人，而且具有极其善良的天性和自发的同胞情怀。然而，所有这些品质并不会同时出现在同一个人身上。

其次，选择大学教师的范围很小，在很大程度上局限于自己大学的毕业生。那些离开大学几年的人，他们通常缺乏教职所必需的行为习惯和专业知识。此外，还有极少数在社会地位比较高的行业取得成绩的毕业生，他们中很少有人愿意当大学教师，特别是当他们的收入远高于大学教职的收入时。导师职位对意欲从事教师一职的人来说是一个很好的选择，但它的任期很短，通常在他们的年龄和声誉还没有达到教师候选人之前就被其他人替代了。在这种情况下，当教师职位出现空缺时，大学很难聘任到合适的教师。由于没有提供公开竞争的机会，他们不知道聘任谁。同时因为没有举行考试，他们不得不采取不完善的方法判断应聘教师的能力或未来的发展潜能。因此，他们不得不在实践中摸索，在权衡各种利弊因素之后，推荐那些总体上最有发展潜能的人。

假如被聘任的教师能够很好地履行他的教育职责，那么也许他当大学教师的收入比他从事其他职业的头几年的收入要高，但是，如果他在其他职业发展得很好，收入会远比当大学教师高。如果从收入来看，大学教师整个任期内收入通常不会改变。起初，他努力工作，为自己成为学院的优秀教师做好准备。他在几年内掌握了所有的教学技能和知识。在那之后，他再也没有前进的动力了。即便他非常优秀，他也不能得到更高的报酬和开拓更广阔的科学研究领域。除了他自己的同事和学生之外，没有人知道他的成功。在这种情况下，通常会产生这样的结果：要么他会满足于已经达到的目标，安于现状；要么会把他自己最宝贵的时间和精力用于书刊写作，而把剩余的精力用于大学日常教学工作；要么是参加一些世俗的或专业的活动，从中获取额外的报酬。

假如情况相反，聘任了一个不合适的教师，他因缺乏才能、学识或生性懒惰而无法履行其职责，他的教学工作几乎毫无价值。他机械地敷衍教学工作，每个学生则不得不参加他的指定练习。他只完成学校规章制度规定的最少工作量。在这种情况下，大学利益受到损害。他的懒惰行为要么会影响到他所在院系的其他教师，要么受到其他同事的抵制。与此同时，他的教学效率低下会导致学生人数减少，并且也会损害到大学的利益。因此，必须改变这种现象。

或许有人会说，大学董事会不是具有解聘教师的权力吗？董事会的确拥有这样的权力。但是除了不称职之外，解聘一名教师还有哪些理由？如何判定大学教师是否能够胜任自己的工作，如何具体实行？人人都知道教师没有履行自己的职责，但是没有人质疑大学是否会因为教师的不称职而受到损害。难道因为他的不称职就必须解雇他，并夺取他的生计吗？如果他被解雇了，他怎么维持生计？这些都是美国大学必须正视的问题。

如果任何理智的人都能够发现美国大学教师聘任制度存在的这些问题，那么我们应该采取哪些措施呢？这是完全属于大学董事会的事情，本质上是监事权的一部分及其存在的主要目的之一。但是，正如我所说，大学董事会成员从来没有参加过大学的诵读课、讲座和考试。即使他们参加过，也并不是出于聘任教师的目的。他们也不具备评判教师教学能力的资质。因此，只有全体教师委员会才有资格评判教师的教学能力，他们有责任和义务向董事会反映教师聘任制度存在的这些问题，并提出解决问题的方案。

如果所有这些问题都已经得到解决，而且这个问题也如实地提交到董事会处理，那么怎样才能证明这位不称职的教师没有很好地履行教师职责呢？如果他是一个没有荣誉感和公共道德的人，明知自己不称职仍然心安理得地继续领取薪水，那么大学要摆脱这个负担是非常困难的。在所有这些问题中，最突出的问题是，教师目睹了自己的辛勤付出没有任何价值，年轻学生浪费了金钱和大部分的时间，教师因为不知道可行的补救方法，只能绝望而沮丧地看着，终生忍受这种折磨。据我所知，有一个完全不称职的绅士被任命为一个大学非常重要的院系负责人。二十多年来，因为他的无能和低效让他所在的学院承受了巨大的压力，二十多届的毕业生在没有受到良好专业教育的情况下就被派往世界各地。由于他们没有经受严格的专业训练，如果他们被聘为教师，只会降低大学教育质量。我想任何清醒的人都会同意我的观点，这是一种严重的“犯罪”。但是，我们应该如何改进我们现在的大学制度？难道现在不是提出补救措施的时候吗？

虽然我不敢确定这种情况是否经常发生，但是这种情况的确存在，我也指出了大学教育制度存在的不足。它在奖励懒惰和无能之人的同时，也奖励勤奋的和有才华的人。事情总是有其自身的发展趋势。目前大学教育制度产生了不良的后果，导致学生学习负担过重，学习积极性不高，尤其严重的是导致教育质量下降，浪费了年轻学生的大好时光。

但有人可能会问，总的来看，难道美国大学没有为自己的国家做出贡献吗？难道它们不应该得到公众的赞助吗？我的回答是肯定的。美国大学的管理是有序的，大学教职员工一般都是能干而勤奋的人。但是大学所取得的成就并不是由教职员工共同遵守大学制度实现的。事实上，在这个国家，每个人都必须工作。全体大学教师作为一个整体，必须尽其所能地履行自己的职责，否则整个制度就会崩溃。一个人不愿做或不能做的事，就必须由其他人设法去完成。除此之外，每一个具有崇高理想和公共精神的人，都热爱他所从事的工作，愿意牺牲个人安逸，甚至个人名誉，以支持他所在机构的发展。正是这些具有崇高品质的人在很大程度上为大学赢得了社会的尊重。我一想到大学里有这些高尚的人就会感到无比愉悦，同时让我从心底里感到悲哀的是，他们常常不得不面临艰难困苦，经历无数非人的磨难。然而，这些只是我们所看到的美国大学教师所面临的困难的一部分。

从大学教师聘任制度的发展情况来看，我认为在这些方面的制度是可以取得重大改进的，大学应该制定能够让每个教师对自己的行为而不是别人的行为负责的教师聘任制度。为了完成这个目标，在我看来，必须要做到以下两件事情之一：教师聘任必须经过考试选拔，并接受严格和公正的监督，对监事机构认为不合格的教师应该予以免职；另外，每个教师的报酬在本质上取决于他的教学效果，因此，如果他的教学效果太差，就不应该义务付给他薪水，如果教师的教学效果好，自然可以吸引学生。如此，大学制度就可以得到改进并正常运转。如果美国大学在建立之初就这样做，每个大学教师就能够同任何其他思想领域的人一样具有广阔的职业生涯，取得同样意义深远的成就。那些天资聪慧的优秀人才就会被吸引到美国大学中来，从而激发人们学习高尚的品格。我们应该发展少量而真正高效的大学，而不是一大批规模小、发展不好的大学。我相信，这种变化本身就会使这个国家教育的活力增加百倍。

三、大学教育

目前我们已经考察了大学制度中的监事职能和行政职能，展示了大学的权力运行机制。接下来开始探讨其目的、任务。我们分教育和纪律两部分进行阐述，现在首先讨论教育。

我已经说过，美国大学课程是模仿英格兰的大学而设计的，刚开始的时候是四年制的。每个年级的学习时间为一年。因此，每所大学有四个年级，一个普通学生通过考试依次接受各年级教育。每年的学业课程都是由大学章程规定的。每个学生都有资格拿到学位，当然他们必须要通过学位要求的所有课程考试。大学学习期间，学生需要学习社会对受过良好教育的人所要求的所有知识。我想，这是一个年轻人一生中最重要的准备阶段。

我曾经说过公立大学的培养目标是为国家培养优秀的人才，大学教育是高层次的教育。大学向学生传递的知识应具有极大的价值，制定严格的纪律，培养学生全面掌握知识、具备调查研究以及人际沟通等各方面的能力。检验教育制度是否达到预期目的，主要看其产生的效果如何。然而，在这个问题上，我不需要详述。关于大学教育的必要性，其他人已经充分讨论过了，因此我下面主要讨论大学制度的实际问题。

据我所知，在美国大学的早期历史中，学生入学所要求掌握的知识与现在所要求的知识并没有实质性的不同。我在这里以殖民时期建立的学院为例。当时，殖民地学院的入学条件是学生熟练掌握希腊文和拉丁文，同时还要具备一定的英语语言知识。要求学生阅读图书的数量无疑非常少，但相对于我们目前大多数预备学院所提供的知识，殖民地学院更为重视语言知识的学习。我想，爱德华校长和他那个时代的年轻人进入耶鲁学院或哈佛学院所具备的知识，可以让他们毫无争议地顺利考进我们今天的大多数学院。

我相信事实是这样的。在我们的殖民历史中，我们的大部分教师都来自牛津大学和剑桥大学，还有许多年轻人都是从国外接受教育的。因此，殖民地学院非常重视古典教育，学院得到了很好的维持。独立战争开始后，除了商业上的联系外，美国与原宗主国的交流就停止了。人们热衷于财富的积累，大学教育的质量开始恶化。多年之后，它已一落千丈。尽管此后大学教育水平已经有所改善，但在许多方面，我仍然质疑它并没有超越美国独立战争前的状态。

殖民地学院成立之初的入学要求大概如此。学院的教育课程基本上同英国大学的课程相同，包括拉丁文、希腊文、数学、逻辑学、基本神学和少量的自然哲学。学院只能提供最基本的教育，其余完全取决于学生的自我努力，学习勤奋的学生获益更多。同现在一样，大学课程学习时间为四年，学院规定了学习课程的数量。如果有机会进行彻底的调查研究的话，相信大学对社会的影响是巨大的和有益的。

我们面临的问题是，现在的大学是比独立战争之前更好还是更坏呢？社会环境发生如此剧变，可能很难对这一问题形成完全正确的认识。然而，如果我们认为大学教育的目的是培养和发展国家最优秀的人才，并且以这种目的实现的程度去评价大学教育成功与否，同时把独立战争前和独立战争期间这一部分人的思想同现在相比较，便可发现人们无不对这个国家早期的教育机构怀着最深切的敬意。看看独立战争前五十年布道坛的情形，再看看今天的新闻报道；看看活跃在各殖民地的律师们，听听独立战争所引发的演说和讨论，读读那些充满睿智的法律知识和人权思想等。如果将这些同类主题的讨论（在各种制宪会议上随处可见）与我们所处的时代做一比较，我们的父辈会为我们感到羞愧。这些人是殖民地学院创建之初大学教育的开拓者，学院没有理由为他们的校友感到羞愧。

回到我们讨论的大学课程，我们看到，自大学课程出现以来基本没有什么变化，学习时间也始终都是四年。数学课程以及自然哲学的所有分支课程的学习内容都在增多。光学已经成为一门独立的学科，化学、地质、政治、经济课程也产生了，还增加了哲学和修辞学课程且扩展了其学习内容，生理学也是如此。所有这些都是为了满足申请学位的人的需要而增加的，每个学生都必须努力学习。除此之外，拉丁语和希腊语课程中规定的阅读数量也大大增加。学院要求开设的课程，即使没有增加到原来的三倍，也增加了一倍，但是学习时间仍然和以前一样。

导致这一结果的原因主要有以下几个。人们认为，每个上大学的年轻人都必须获得学位，因此他们需要学习所有的知识，而不只限于专业的知识，而且必须在毕业前四年里掌握所有这些知识。任何受过良好教育的人只要稍加思索就会明白这种想法极其荒谬。当约翰逊谈到弥尔顿的教学技巧时，他说教师教学能力的发挥必须根据学生的学习能力进行调整。任何人都不会相信年轻人在大学四年的学习时间内能够掌握所有这些知识。在与英格兰和苏格兰的大学教师讨论这个问题时，当我说出美国大学学生所学的课程数量时，他们一致认为："这是不可能发生的事情，一个人不能在大学期间完成这么多的课程任务。"我认为每个有反思能力的人都会承认他们是正确的。

现在让我们来简单地讨论一下学生在四年学习时间里无法完成如此之多的课程所造成的后果。首先，让我们看看它对学生的影响。教育的目的是传授知识和培养能力，达到这两个目的都需要学习时间。一个人不可能通过粗略的阅读或迅速而浅薄的思维活动就获得知识。为了牢固掌握新的知识，我们必须充分理解、思考并反复复习，进而把新知识融入大脑已有的知识体系中，直到完全掌握新知识。其次，为了培养思维能力，还必须主动学习所学知识，同其他人的不同观点进行比较，分析产生不同看法的原因，能够在一些重要问题上提出自己不同的看法，并做出成熟而周密的决定。只有这样，思维才能够得到训练。现在每个人都知道大学教育是一项长期任务，需要花费时间和精力以及辛勤工作，不能操之过急和过于轻率。

在确定大学课程适当的学习量时，必须考虑几个固定不变的因素。首先，我们只有四年的学习年限。其次，学生的能力也是固定的，年轻人或者任何年龄的人，只能完成一定数量的学习任务。另外，学生的努力程度是有限的，即学生能够付出努力的平均水平基本维持不变，很难有大幅提高。现在，如果我们对学生的要求超过了学生能够承受的最大限度，那么一定会导致学生的部分或者所有课程学习效果差。例如，在我们学院的早期历史中，如果学生们合理选择了适当的课程，而我们又增加了三倍的学习量，那么他们的学习效果一定不好，学习的知识必然表面化，学科训练不充分，学习习惯不好，更不可能形成原创的思想。学生养成了不求甚解、快速浏览课文的习惯，形成了被动接受知识而不是主动思考问题的倾向。因此，他对所有知识都一知半解，由于无知，他更容易冲动和傲慢，不吸取经验教训。所罗门曾说：“无知的人比有智慧的人更自负。”公众目前是否正在遭受这种愚蠢行为的影响，我把它留给各位来评判。

如果四年大学生活中充斥着大量浅尝辄止的学习课程，那么必然对教师教学产生不良的影响。如果现有的课程已经占据了学生所有的学习时间，教师仍然不断增加新的课程，那就必须缩减其他课程的学习时间。与此同时，由于被分配的时间有限，教师便不得不对自己的教学内容进行精简，要么仅限于灌输基础知识，要么匆匆地完成整个教学过程。因此，教师在教学过程中越来越不需要知识，教学积极性也越来越差。他很快就能掌握教学所需要的知识技能，如果他想就此止步，难道这是件好事吗？即使他获得了更多的知识，也不会运用到教学中去，而是运用到教学活动之外，他热衷于学院之外的其他活动。虽然他提高了自己的专业水平，拓展了学科范围，但是他却成为对大学没有贡献的教师。

因此，在目前的大学制度下，大学通过接受捐赠或其他方式大幅增加教师的数量，超过了合理的教师数量，这对大学来说是否有好处还不清楚。所有课程要求学生必须在四年时间内学习完，如果教师分配合理的话，一小部分能干的教师就能让这些年轻学生掌握所有课程学习内容。如果再增加教师，只会使其他教师的教学效率降低，教学效果更差。很明显，如果我们不断增加教师数量，整个教学制度会成为一个令人讨厌的制度，教师只是肤浅地讲授了一些课程，没有为学生传授知识或进行智力训练。因此，在我们看来，一所年轻的、有三四个教师的学院和一所有十个或十二个教师的老学院之间，差别不大。虽然有些学院教师数量严重不足，却提供了最健全和最有价值的教育，这种情况并不少见。

课程学习必然离不开教科书的使用，我很清楚这种教学方式具有独特的优势。如果教科书编写得很好，清楚地呈现了学科的教学内容，那么学生认真学习完教科书后，就能够全面了解这门学科，从而形成学科的核心知识结构，为后面的知识学习打下基础。但是，必须指出的是，目前这种教学方式的运用必须适度，否则就会影响学生的智力发展和教师的教学。如果学生每天要参加三门时长均为一小时的背诵课，背诵课文要用两个小时，那么剩下和教师在一起的时间必须全部用在背诵和考试上。因此，留给学生阅读、反思、写作或原创调查的时间将所剩无几。他除了知道教科书上的内容以外，毫无所获，他们没有时间仔细分辨教科书内容的对错，也不能同其他作者就有关这一主题的观点进行比较。并且，这种教学方式对教师也会产生相应的影响。这样的教学方式使教师没有时间形成或提出自己的观点，他只能向学生灌输教科书的内容。无论他的知识多么渊博，他在教学过程中都没有办法表现出来，他所学的知识完全无法运用到教学过程中去，结果导致所有教师的教学水平降低到同一个水平。只要教师熟悉教科书，并且能够向他的学生灌输这些知识，那么他就完成了全部的教学任务。这对于一个有能力、有事业心的教师来说，无疑是一个致命的打击，它对教育事业的影响是灾难性的。我绝不是说不能使用教科书或课程大纲，而是说它们不应该被用来取代教师的创造性思想行为对学生的思维所产生的必要影响。

而且这种肤浅的教育方式传播极快。如果接受过这种不完美的、肤浅的教育的人当上了预备学校校长，他会以同样的方式向学生传授他曾经学习的知识。他从来没有被教过如何学习，也不会教他的学生如何学习。他把自己在大学接受知识的那种方式复制后，继续用于大学教育。大学招收的新生的知识基础越来越差，大学教育水平逐年下降。大学陷于自己所挖的陷阱之中。同样的结果在其他行业中也有表现。大学培养的思想浅薄的学生毕业后当了牧师、法官和议员。他们自认为四年的大学学习让他们获得了所有的科学知识，就像拿破仑那样得意忘形，他认为没有什么是他做不到的。他坚信自己可以在一瞬之间理解一切事物，并且认为，与他自己的远见卓识相比，前人积累的知识根本不值一提。他鄙视所有已经被确证的、古老的知识，因为他认为这些知识落后于时代。他只相信那些受人欢迎的、有用的知识，除此之外都是无用的知识。反对一切既定的东西成为时尚，学院所培养出来的人以及接受大学教育的人，往往都是强烈反对学院改进大学教育、提高智力素质、培养民族情操的人。

因此，大学四年的学习课程是美国大学教育制度的组成部分。在结束这部分主题讨论之前，有必要提及一两个附带的主题。

首先是奖励机制。我已经注意到英格兰大学里存在的过度奖励机制。在这些英格兰大学中，它们占据着如此突出的地位，使得学院或大学的教学工作相对来说是没有必要的。大学提供住宿、书籍、一切学习用具，并在许多情况下提供足够的奖励，以确保学生如学校期待的那样保持勤奋。目前，大部分的教学任务不是由大学或学院的教师承担，而是由学生自己聘请的私人导师来完成。学生进入大学，成为一所大学的一员，并且经常自费聘请私人导师。如果学生的私人导师是合格的，学生支付他们薪酬。因此，大学的教学工作完全不重要，大学的任务主要是进行考试和奖励，这一制度可能会像现在这样延续下去。目前，英格兰高校教师制度的发展趋势使普通高校的教师变得相对不重要。这还不是全部。这种制度的弊端是，导致学生只偏爱奖励本身，而不是获得奖励的过程。并且还导致学生的学习不是为了提高才智，而仅仅是因为热衷于学习所能带来的金钱奖励。在英格兰，这样的事情已经司空见惯了，我们有理由感到害怕。大学里有为杰出的学生所准备的奖学金，热情、勤奋是获得奖学金的必要条件，然而这种努力经常不能持久。目标达到后，努力就停止了。我不知道如何解释这一事实，英格兰大学拥有十分充足的捐赠经费、丰富的学习资源、天资聪慧的学生，并且位于世界高度文明的中心，整个国家的人民都为他们培养出来的优秀人才感到自豪，但是遗憾的是这些值得尊敬的大学在上个世纪对人类知识的贡献微乎其微。我并非不尊重牛津大学和剑桥大学。我说的是它们的教育制度，而不是管理它们的人。

英格兰大学的奖励机制明显过剩，但这绝不意味着奖励机制没有必要。我很认同学习知识的动机是出于对知识的热爱。道德动机则是为上帝服务。其他符合年轻人年龄特点的、更直接的动机会更能够让学生产生实际的学习行动。所有家长都会认为对知识的热爱是孩子上学的直接原因。我担心学校的教育即将走向终点。

家长仅告诉孩子学习对他最有益，这会毁了学习。当孩子长大后，十有八九会喜欢玩而不喜欢学习。他知道自己应该去学校，也能想到如果逃学就会惹父母生气。但仅这些还不足以支撑他们去学习。他是一个聪明的孩子，如果他自愿去学校并在学校里勤奋学习，那大家自然喜闻乐见。但如果他看不到拉丁语法相关知识的价值呢？那我们就要让他看到通过掌握这些知识可以获得的他认为有价值的收获，让他看到一些附加的好处，如在上帝的指引下，在未来的生活中勤奋工作。指引他的原则是，每个人都要为自己的行为承担后果。

作为一名学生，他很少能体会到自己目前行为的最终后果，我们应尽可能地将这些结果展现在他眼前，就像那些后来必然会发生的事情一样。这样他就会努力完成学习任务。

就像适用于普通学校教育一样，这些话原则上同样适用于大学教育。如果这是真的，他们会告诉我们，勤奋的回报应该是立竿见影的。在年轻人的意识中，长时间地重复学习，日复一日的积累，这些会让他们的耐心逐渐被消磨殆尽。要让学生看到，在大学就像在生活中一样，他得到的回报与他所达到的水平相符。勤奋的回报可以得到认可，也可以得到奖学金的奖励，或者两者兼而有之。我怀疑，任何针对年轻人的教育制度都会充满活力、卓有成效，除非该教育制度在极大程度上涉及奖励机制这一重要因素。

在美国的众多高校中，奖学金制度的实施方式多种多样。在某些大学中，学校会在学期末根据学生在这段时间内的表现，对他们进行排名。除了这个方式，在某些大学里，还给杰出的学生颁发奖章。在另一些大学中，学生根据他们的成绩被分成几个等级，每个等级包含相当数量的个人。在另一些情况下，在大学课程结束前，教师不会公布学生的排名，而是在毕业典礼上，通过分配给每个人的座位来表示该学生的成绩位次。还有一些情况下，这一原则完全被抛在一边，无论是在整个过程中，还是在结束时，有一些学校由于害怕产生不恰当的竞争，对所有的学生进行无差别对待。

就我自己而言，我相信这里所说的原则对大学的教学和纪律都非常有价值。我认同使用惩罚的必要性。如果一个学生游手好闲、一无是处，我们就必须把他从大学开除，或者对他施以某种惩罚。我们要求他必须参加大学课程学习，并为考试做准备。这两个任务都是出于热爱学习的动机和敬畏上帝。但是，我不明白为什么在现实生活中，人们更愿意采用惩罚的方式督促学生，而不是鼓励。然而，我并不打算争辩这一点，我没有时间和兴趣。虽然我尊重在这个问题上与我不同的看法，但我认为他们对这个问题的看法是片面的。

其次，我要提到的主题是考试。据我所知，在美国，考试的形式都是口试。班级中的一部分同学，视情况而定，按顺序出现在考场，他们被要求背诵上学期或上学年中所学过著作的一部分内容，然后由考官提问，并现场作答。每次只检查一个人。他考试的内容，是由某个教师指定的，或者更好的情况是由抽签决定的。当然，每个人的考试时间很短。假设二十个学生的考试时间一共为两个小时，那么每个人的考试时间不得超过六分钟。在剩下的时间里，他完全是空闲的。

现在，每个人都必须认识到，这种考试制度几乎在每一个重要的方面都有缺陷。它并不能令人满意地测试出一个学生对这门学科的熟悉程度。他可能读过三到四本荷马（Homer）的书，但只考了五六行。他可能研究过一种道德哲学体系，却只考了两三个段落。他已经学了几何原理，但只考了一个命题。如果考试内容由教师指定，那么他有权参照自己的观点选择文章。如果考试内容由抽签决定，那么某种程度上，每位教师的考题的呈现都是随机的。一个人虽然学识平庸，却可以在口试中胜出；另一个人远比他博学，却可能遇到难题，显得水平很差。因此，这不是一个周密的考试，不能完全依靠它决定学生的奖学金。奖学金在相当大的程度上应该由他在这个学期的学业成绩来决定。

我们的考试制度更不能作为一种对学业的相对性评价。任何测试都不可能是准确的，除非对每个学生的考试要求都是一样的。如果所有学生的考试内容是一样的，那么就可以对完成全部考试内容的学生和完成部分考试内容的学生进行比较。哪些学生做得好，哪些做得不好，可以一决高下。在某种程度上，一个令人满意的考试会让每个学生都感到自己获得了公平的机会，很少有人对测试结果感到不满。只有这样的考试才能产生激励作用，才能准确判断学生成绩的好坏。

因此，从各个方面来说，我们大学教育的奖励制度都是非常不完美的。我们的考试制度并不能够完全反映应试者的学识水平，因此，大学教师或学生都不能把考试成绩作为评选奖学金的依据。

由于存在上述问题，大学更需要严格细致的管理。学生学习缺乏激励机制，就必须让他时刻有考试不及格的担忧。因此，大部分的课程教学必须让学生背诵课文，经常检查学生的背诵情况。如果学生学习不努力，那么他就必须承受失去现在的名声或不能获得学位的恐惧。教师必须付出大量的劳动，以维持一个班级的运转，督促落后的学生学习，不放弃懒惰的学生。我这样说的目的并非是指大学教师的工作太轻松了。如果出现这种情况，教育事业就麻烦大了。从事任何职业的人如果不努力工作，就无法履行好自己的职责，更不用说大学教师了。但是，假设工作量是固定的，那么尽可能地使工作变得有效率是可取的。因此，必须设计出一套制度，既能够让教师在教育教学中发挥自己的才能，又能够激励他的学生自觉地听从他的教诲。反之，另一种制度下学生对自己的学业漠不关心，教师不得不以个人或官方的影响力督促学生学习。以上两种制度相比，前一种制度更可取。与任何令人沮丧的学习目的相比，源自学生内在的学习兴趣能够让他们的学习更主动、积极性更高。这条学习原则运用得越好，就越容易培养学生学习的兴趣、对真理的热爱以及渴望智力发展的热情。失去了这些，大学仅仅是一个没有精神内涵的名称和一个没有灵魂的躯壳。

在我看来，美国大学制度中的激励机制存在很大的缺陷。我不明白为什么不公开每个学生的成绩排名，不论是在学期结束时，或者在教师认为合适的时候。公开学生成绩不仅可以让同学之间相互激励，而且制定奖励各个不同的学科的优秀学生的制度，将会带来巨大的好处。我认为，奖励的依据不应该仅仅是学生成绩的相对排名，因为相对排名并不具有很高的可信度。差班中最好的学生同好班中最好的学生就不具有可比性。在一个极不负责任的教师指导下，所有的学生都可能因此变得中庸。因此，我认为，奖励只应该颁发给那些完成某个特定任务的学生，比如说，他用英语或其他语言写诗；他解决了一些难题；或者他在某个学科领域发表了有价值的论文。但是教师也不能就因此给予他们奖励，除非他们参加相关竞赛时不仅在参赛者中相对最好，而且是绝对优秀，并且本身值得大学的表彰。因此，可以设立以拉丁文或希腊文创作的主题征文、诗歌奖，高等数学难题解题方案奖，哲学或道德知识竞赛奖等。这种方式对教师和学生都有激励作用。除非某位教师教得好，否则他的学生将无法获得奖励。除非学生勤奋，否则他就不会有好的成绩。这种新的激励方式会对师生双方都产生作用，激励师生取得满意的效果。

但我不会把激励机制仅仅局限于大学，提高大学入学资格标准是非常重要的。因此，我会奖励那些成绩最优秀的高中生，优先录取他们进入大学。这样可以引导他们在预科学校待更长时间，学习更扎实一些，为上大学打下坚实的基础。此外，在大学年鉴中列出每位获奖学生的名字，并且附上每位同学的指导教师的名字，这种公开表彰的激励机制应成为大学教育制度的重要组成部分。

我已经谈到了大学口试的特征及其缺陷。在剑桥大学，所有考试都是以书面形式进行的。考试的题目以试卷形式事先印刷出来，并送到考场上。当考试时间截止，每个学生都会在他的试卷上签名并将其交给监考人。通过比较试卷的分数，来决定学生的成绩排名。试卷中每个问题都有相应的答案，并且提前确定每道题目的分值。在这种情况下，不难确定谁的分数高。而且我相信，在这种情况下，一定不会有人提出对考试不公平的怀疑。尽管竞争的激烈程度超乎我们的想象，但不会产生任何不友善或夹杂嫉妒的竞争。不久前，两个亲密的同学参与学院年度最高荣誉的评选。他们在竞选过程中，几乎从未对彼此表现出任何冷漠或疏离感。在考试结束后等待结果的那段时间，他们一起出去散步，并且毫不避讳地谈论彼此获奖的可能性，彼此都认为对方更值得这份荣誉。当结果宣布的那一刻，大学里回荡着欢欣鼓舞的赞誉。在这激动人心的场面中，他们两人心平气和地拥抱在一起，他们俩的表现都很优秀，不分高下。考试是高尚的，因为它成就高尚的人。我们从中领悟到，只要考试坚持公平公正的原则，就可以消除嫉妒。

而反对这种考试方式的人的主要理由是花费昂贵。印刷大量的拉丁文、希腊文和数学试卷要花费大笔经费，并且受条件所限，在我们的许多大学无法实现。因此，可以采用其他方式获得相同的结果。另一个反对意见是它涉及巨大的工作量。在美国大学进行大范围的考试涉及众多课程门类，加之每个教师的教育教学工作任务繁重，抽调教师承担考试工作会很困难。我不太清楚如何解决这个问题。然而，如果能够通过小规模的考试，用于解决某个有价值的问题，那么可能会找到将其推广到整个大学的方法。有一点我深信不疑，如果不建立严格公正的选拔性考试制度，美国的任何教育制度都不能够取得成功。以何种方式最好地实现大学教育目的，每个人都必须自己做出判断。

接下来我们讨论如何改进大学的课程。在我看来，无论大学是否采用四年制教学管理制度，其实并没有实质性的差别。最初，整个大学课程，就像学徒制一样，被延长到七年，大学毕业生会在大学继续学习并获得文科硕士学位，自由参加他喜欢的任何教学课程或讲座。学士学位是初级学位，此后的三年时间他们必须住校学习其他剩余的课程。后来，学习时间被缩短为四年，学生获得第二级学位（文学硕士）无需缴纳额外费用。在四年的时间里，课程既没有什么吸引力，也没有什么特殊的意义，与任何一门学科的学习也没有什么必然的联系。四年制的采纳被视为偶然事件，其本身对本研究主题没有重要的影响。

但是，制定课程学习的标准很重要。不仅如此，还要尽可能地提高这一标准，让那些接受自由教育的学生达到课程学习标准之后，才能够获得学位证书。我非常赞同提高学生的毕业标准。我决不赞同各种降低学位质量的做法。一些四年制学院将很多时间用来安排休假，实际学习时间减少到三年。其他一些学院改变毕业标准，导致其纪律和学业要求与其建立之初有很大的不同。因此，我们可以发现，简单规定大学学习时间并不能准确地反映获得大学学位所需的知识量。

我对大学是否一定要设置四年的培养时间并不做硬性规定。当然我也不建议缩短大学的修习时间，从现在开始，甚至应该对大学的入学要求提出更高的标准。这个问题的关键不在于时间长短。我认为与其规定大学学习年限是四年、五年还是六年，还不如明确大学就读期间的学习要求，也就是大学应该规定在此期间普通人通过坚持不懈的努力所能习得的课程数量。假设大学的学业年限是固定的，那么问题的关键则是在于如何安排学生的学习。是让学生深入学习，还是粗浅地了解即可？是让学生的心智能力得到全面充分的发展，还是让他们仅仅混日子？换言之，我们应该选择在既定时间内安排大学课程。也就是说，我们是要让学生熟练掌握每门课程的知识，培养他们的创新精神，还是让大量的课程挤满他们的学习时间，从而导致教师无法深入传授知识，学生仅能获得学科概要性的知识呢？在我看来，正确的选择是显而易见的。学生获得学位的标准不能降低，但是高标准一定要体现在学生获得知识的质量上，而不是就读期间修习课程的数量上。另外一种观点认为，学生要获得学位必须修完学院开设的所有课程，因此必须延长大学修学年限。

我完全清楚大学修学年限的敲定是大学课程制度中最难的问题，也是质疑最多的问题。人们会说，四年课程的惯例已经确立了很久，不能改变，人们需要更经济、更普及的大学教育，公众不会支持任何增加获得大学学位难度的改革。我承认他们的看法是正确的，也是他们反对的主要理由。我尊重公众在充分了解问题的事实和经过思考之后得出的看法。然而，如果没有经过深思熟虑和缺乏相关学识，不管是谁的看法都容易出错。大学完全按照公众的要求去做，如果做得不好，公众不会因为大学听从了他们的建议而感到满意。只要大学做得对，无论是否听从了公众的建议，公众最终都会赞赏大学的做法。我坚信，如果我们能够不断改善美国大学教育制度，它将会比现在更受公众的欢迎，并且随着公众不断认识到大学制度改革的重要性，他们将越来越支持大学改革。

此外，我根本不相信任何大规模的改革会立即造成重大的影响。在政府机构事务改革中，向来有引起社会混乱的风险。同样的道理，传统的制度已经被社会大众所认可，并与各种社会习俗深深地交织在一起。因此，我提出的大学制度改革建议并非要废除传统的大学制度。我只是表明我们有关大学制度改革的目的，至于在何时改、如何改以及在多大程度上采纳我的建议则不是我的责任。自美国大学借鉴英国大学教育制度以来，在差不多两个世纪的时间内一直在沿用这种教育制度。现在我们打算改进我们的大学教育制度，检查大学教育制度的结构、教育目标，并思考如何完善我们的大学教育制度，这一点也不让人感到奇怪。

那么，让我们以美国大学的现状为出发点，探讨一下如何改进和完善美国大学的教育制度。

首先，提高大学入学要求是可行的。我们要求学生必须熟练掌握拉丁文、希腊文、算术、基础数学、地理、古代和现代历史、英语语言等方面的知识。提高入学标准的好处是多方面的，它将彻底改善我们所有大学的状况并且提高大学校长的地位，校长必须具备更高的学识水平，才会有更高的薪酬，并能要求更高的报酬。在英格兰，预科学校的教师受到他们最能干和最杰出的学生的尊重。威斯敏斯特公学、伊顿公学、拉格比公学和哈罗公学的校长们，他们可以与主教、大学校长们比肩而立。在英格兰，没有人比拉格比公学校长阿诺德博士享有更令人羡慕的声誉。但是，为什么在美国不是同样的情形呢？为什么美国大学总是把精力放在为学生将来所从事的职业做准备上，毕业生当大学教师只是为了挣两三年的工钱，然后就永远地放弃了这个职业。只有提高大学的入学标准，才能招收到优秀的学生，大学才能培养出更好的学生，才会逐步提高大学的声誉，校长的地位也就越高。

另外，通过提高大学入学要求，大学可以招收到年龄差不多的和年龄更大的学生。这种改变的好处是显而易见的。现在的学生通常在十四岁入学，尽管他们可以学习学校所要求的语言知识，但是他们并没有做好学习更艰深课程的准备。他们还不够成熟，不能完全自立。因此，当他们开始学习更深奥的课程时，大多失败了。而且，他们周围同学的年龄在二十五岁或三十岁，不同年龄段的教学方式应该明显不同，但在目前的制度下，不同年龄的学生在整个大学期间都要接受同样的课程。这对教师和学生显然是不利的。如果我们把大学中最年轻的毕业生再留校两三年，在我看来，对双方都是大有裨益的。

此外，这对学生的好处同样是显而易见的。学生具备更全面透彻的知识和更成熟的理解能力，能更充分地认识时间的价值，更准确地理解学习成绩好坏取决于自己目前的努力程度。他会更注重培养自己的创新能力。他会在一定程度上感到自己必须主动寻求真理，而不仅仅是掌握教科书上的知识。因此，他会主动思考将来职业生涯中所要达到的目标。我完全有理由相信，这样一来学生将会得到更充分的发展。

我认为，这对教师同样具有积极影响。目前，中学教师和大学教师的教学没有多大区别。他们都在机械地完成重复性的工作，都在向学生灌输知识。由于学生的基础知识准备不足，以及学习各门学科的时间有限，学生根本无法学习程度更高和内容更广泛的学科课程，教师在教学中同样也不能施展他的专业才能。如果不能给予教师和学生展示才能的自由空间，任何教学都不会取得好的效果。

如果要改变这种现象，我们现有的制度可以有三种改进计划。

第一，限制大学课程的数量，保证课程学习的质量。在这种情况下，大学只对有学位申请的人开放，只有达到学位申请标准才能够毕业。不同之处在于，学生学习的课程与其多而不精，不如减少总量，把知识学精。我相信，每一个积极生活的人，经过思考，都希望他的教育能够这样进行。学生通过学好一门学科，学会如何学习，以及如何掌握学科知识。学生很快会把在一门课程学习中获得的知识、经验应用到所有其他课程学习中，这种认真的学习态度和习惯也会应用到所有其他问题上。西点军校的学习课程数量非常有限，但课程学习的深度比美国其他院校要深入得多。正因为如此，西点军校享有很高的声誉。英格兰大学开设的课程门类并不多，然而它在发展学生的思维能力方面是非常成功的。他们培养的毕业生成熟、有活力，有些学生大学毕业后直接进入下议院，不仅能够胜任议会的工作，后来还能够担任要职。此外，我还认识到，养成认真学习的良好习惯是取得成功最有效的方法。几年前，我有幸见到了一位来访的德国最有学问的学者之一。我问他为什么他的同胞在这么小的年纪就能掌握这么多的语言。他回答道："我很小就开始学习拉丁语，我对阅读的每一本书都烂熟于胸，我被教导要反复阅读，逐句理解，理解每一个字词的含义，当我读完一本书后，对这本书就和用德语写的书一样熟悉。从那以后，我对任何其他语言都不会觉得有任何困难。"

第二，由于课程数量的不断增加，如果不能限制课程的门类，就必须增加自由教育的课程数量。如果认为这是可取的，那我们就立刻行动。但是，我们不要试图去做不可能达成的事，也不要满足于肤浅的教育。让我们延长大学教育的时间，我们把它定为五年、六年或者七年。如果入学要求更高，大学教育的时间增加了一到两年，那么教育事业就会有更多的收获。我认为，只要我们做得好，我们就不会害怕做得太多。

第三，可以让大学更接近真正意义上的大学，使它成为学习最重要的学科知识的教育场所。这可能适当地包括所有专业的以及非专业的学科知识。它应该包括拉丁文、希腊文、法文、德文、希伯来文、数学、力学、自然哲学、道德哲学、知性哲学、物理学及其所有分支学科、修辞学和相关文学、历史、法学以及医学知识。

上述这些学科是学生获得文学学士学位必须学习的课程，学生能否毕业不是取决于学习时间的长短，而是取决于他是否熟练掌握所学知识以及通过考试。学生若要获得另一个学位，则需要学习其他课程。如果一个人已经获得文学学士学位，还想获得一个理学学士学位，那么，这个人就需要修习理学学士学位要求的课程。此外，为了将所有课程学习纳入大学激励制度的范围，应该对文科硕士学位的候选人有所限定，即文科硕士学位只能授予那些已经拥有文学或理学学士学位，并且完成硕士阶段学习的学生，而不是像目前这样，没有经过课程学习就可以获得文科硕士学位。按照大学制度的要求，要想获得文科硕士学位，学生就必须积极参与课程学习，表明学生经过了努力学习才获得了学位。现在的情况是，为了所有的实际目的，美国大学放弃了对学位的严格要求。目前对攻读硕士学位阶段的学生学习没有任何激励措施，最好的和最差的学生三年学习期满都可以获得硕士学位。我认为必须采取措施改进美国大学教育制度。接下来，我们将对大学课程学习提出改进的建议。

上述这些改进计划哪一个最适合美国的需要或美国大学教育制度？不同的人可能有不同的看法。我只是提出这些建议以供那些对大学教育事业感兴趣的人参考。我希望至少把问题摆到拥有监事权的人和大学教职员工面前，供他们考虑。如果他们能稍微让公众注意到这些问题，我的上述讨论就没有白费。在美国只要一开始确定了正确的改革方向，不久就会取得理想的效果。只要那些有学识、有能力、具有自我牺牲精神的教师能够在这个问题上采取明智和一致的行动，并使公众与他们的行动协调起来，我相信一定会产生一种强大的力量，推动美国大学教育事业的发展。

四、大学纪律

到目前为止，我所论述的完全是大学教育的智力训练部分。具体的实践操作和安排还有待仔细考量。而就大学纪律训练这个主题，并不需要像前文智力训练部分那样进行冗长的讨论。

我认为，美国大学的校园设施一般是这样的。大学为几乎所有学生提供住宿。这些建筑通常都是按照同样的模型建造的，互不相连，有三到四层楼高，每层有三十到五十间房间。一个人单独住一个房间，或者更常见的情况是，两个学生住同一个房间。学校的宿舍由校长或其他教师分配给每个学生。初级教师白天和晚上都住在学院大楼的宿舍里，有些学校的高级教师是白天住在宿舍里。许多大学，在白天或晚上的某个时候都会有教师来房间检查，目的是维持秩序，这种做法非常普遍，无需我去评价。

在大多数大学，学生和初级教师共同用餐（如果他们愿意的话），按净成本计算餐费。在某些情况下，学生必须共同食宿，而在另一些情况下，学生可以自主选择食宿的地点。一般而言，大学承诺代替学生的父母，为学生提供食宿，以及通常包括在食宿费和学费之内的服务和教育，因此大学承担着这项任务所附带的责任。

因此，有关大学住宿的规定是根据这一原则制定的。学生必须一大早起床进行祷告和诵读，在白天的学习时间里尽可能多地参加诵读课和讲座，在晚上待在他的房间里，不得进入公共娱乐场所。一般来说，这些都是建立在一个假设的基础上的，这个假设是学生在大学住宿期间需要类似于父母的监督，然而随着学生入学，在校内住宿，这种监督则由学校承担并执行。

当然，在这种制度下，管理规则必须是统一的，所有学生必须遵守管理规则。二十五岁或三十岁的学生与十五岁的学生共同遵守相同的规则，也不会因为学生不同的性格和习惯区别对待。这种管理制度所依据的原则是学校负有监管学生道德品质的责任。无论学生是否愿意接受监管，都必须共同遵守管理规则。所有这一切都是显而易见的，因为只有在大学行政意志的支配下，大学纪律规则才会生效，成为学校专有的管理权力。

接下来，让我们客观公正地分析一下关于大学住宿这一部分相关制度的利弊。

第一，支持它的第一个论据是这种住宿方式具有经济性功能。许多人相信，相比学校附近的寄宿家庭，学生们在学校里的食宿费用将会大大减少。到目前为止，这种情况符合实情，这也是值得我们考虑的。任何可以降低教育成本而不损害其价值的东西，对社会都是有益的。这个道理在其他社会生产领域也一样行得通，比如说，面粉、燃料等其他任何日常生活生产必需品，降低这些产品成本的同时提升它们的价值，这对每个消费者来说都是好事，并且最终也会为生产者带来更多的收益。

第二，人们相信，在这种校内住宿制度下，学生的道德将得到更有效的保护。有人认为，受教师照顾的年轻人不易染上恶习。学生住在我所描述的这种大学宿舍楼里可以为此监督提供途径。如果学生可以随心所欲地来来去去，晚上出去玩，他就会受到坏伙伴的诱惑，容易受到堕落的坏榜样的诱惑。这是一个值得认真考虑的问题。在对年轻人的教育中，最重要的目标是培养道德品质。如果没有可以抵抗诱惑的优秀品质，一个聪明人更容易陷入此类诱惑，最终深陷其中而无法自拔，并且在他心中一直弥漫着无尽的耻辱和永恒的痛苦。如果我们现有制度的这一部分真的产生了良好的道德教育效果，那它就不应该被抛弃。因为，如果为了达到大学生道德教育这一目的而设计了相应的计划，那么我们可以确信，在这一计划的影响范围内，所有预期的收益都将随之而来。

第三，也有人说，如果没有了学校宿舍，公共教育的优点在许多方面都无法实现。一个年轻人从原生家庭中带来的各种各样的习性和特征，他与故乡紧密联系的成长经历，以及他个人的性格，在大学生活的磨砺中都被抹掉了。而这个人，随着他的实际能力的提高，他的自我认知也得到了修正，他更愿意在社会舞台上扮演自己的角色。上述对大学生未来的美好憧憬，可以在提供寄宿的大学教育中得以实现。大学寄宿制是非常有价值的，大学管理者要关注学生的住宿费，一定要将其控制在学生能够承受的范围之内。美国大学现行住宿制度是美国大学制度的一大特点，上述观点都是支持大学保留寄宿制的主要理由。

然而，每个冷静思考的人都可能会有不同的反对意见。

寄宿制首先让我们想到的是这一制度是人为建立的。家庭具有各种亲密社会关系，是年轻人生活的天然场所。他们正处于需要被关注和照料的年龄。他们很快就要到外面的世界，在每天的生活中忍受错误行为带来的惩罚，或者享受正确行为获得的奖励，因此应该逐步向他们说明他们应该承担的责任。当他们从家庭中走出来的时候，比较明智的做法是，让新、旧环境融合起来。换言之，把他们几乎没有离开过的家庭环境同他们即将面临的新情境结合起来。

很明显，现行的大学制度既不适合年龄较小的学生，也不适合年龄比较大的学生。年龄小的大学生应该处于更完善的监督之下，而后者不需要进行大量的严密监督。我们许多学生进入大学的年龄较小，他们需要导师更严格的教育，需要同导师交流并得到指导。否则，他们会把大部分时间花在轻松无聊的阅读和无用的娱乐上。这些年轻学生的习惯还没有形成，只有师长时刻不断地注意和监督才能帮助他们养成正确的习惯。此外，他们通常不知道如何保持身体健康，不知道在患病时如何照顾自己。他们独自住在自己的房间里，承担起照顾自己的责任，就好像他们已经成熟了一样。他们被排除在家庭生活的一切影响之外，同时也被排除在父母和亲戚长辈的监督之外。每个人都必须认识到，在这种情况下，任何年轻人都可能面临巨大的风险。

但同样的纪律通常不适合那些年龄更大的人。那些已经成年并获法律及社会习俗承认，在各方面有能力自理的年轻人，在所有其他情况下，都应该对自己的行为负完全的责任。教师就没有理由对他们承担任何特殊的道德教育的责任。学院要求他们遵守住宿规定，早晚都要在宿舍，这似乎不合理。人们很可能认为，他们有能力处理好这些事情，能够承担自己的行为后果。但是，大学住宿管理规则适用于所有学生，所有学生都必须共同遵守。因此，这些规则不可能让所有学生满意。大学纪律教育过程中出现的大部分困难，都源于此。

在此，有必要提及这种住宿制度对学生健康的影响。这种制度可以帮助学生养成规律的作息，这几乎是住宿制度唯一值得夸赞的优点。但是，所有的宿舍建筑物紧密相邻，学生没有锻炼的空间和机会。因此，几乎在我们所有的大学里，年轻人在身体锻炼上都不积极。他们日复一日地在温暖的房间里生活，只在诵读、祈祷和布道的时候才离开宿舍。他们缺乏预防疾病所必要的舒适的宿舍生活环境。他们的社交习惯以及居住环境导致只要有轻微的传染病就会迅速传播开来。我知道，一些大学里有很大一部分学生因为患麻疹、腮腺炎等疾病而无法继续学习。可以说，在探讨学生健康这个问题时，我们必须认真考虑学生的住宿环境。

接下来，让我们再来讨论大学住宿制度的道德意义。

大学现行寄宿制度在道德教育上的优势在于便于大学教师对学生的监督。我决不会趋向低估这种监督的价值。我知道，对大学生的道德监督被认为是大学教师最重要的责任之一。他们经常投入大部分时间监管学生以及思考如何监管学生。他们除了非常关注这个问题之外，还努力提高学生的道德水平，以便减少学生在校住宿期间道德败坏的行为。他们在情况允许范围内竭尽所能地监管学生。但是，让我们检验一下，他们在多大程度上完成了他们的目标。

美国大学的校舍从来都不是为了监督学生而建造的。学校的校舍从学期开始到学期结束，是全天面向公众开放的。大学无法让年轻人远离诱惑，无论建校者把大学的选址定在城镇还是在乡村，都没有用。因为一所大学在发展几年后，它的周围一定会聚集出现供学生休闲的场所，以及一些可能会让学生堕落的消费场所。在这种情况下，无论设计出怎样便于监督学生行为的建筑，都不会对学生的不当倾向构成不可逾越的障碍。

此外，我们大多数的大学里的许多教师都负责管理学生宿舍，他们住在离学校很远的地方。他们大多数时间都在学校与学生在一起，有时白天或晚上都在学校。但在他们退休后，监管整个学院学生的责任都集中在少数年轻教师身上。住在学院不同地方的三四个教师直接对一两百个学生负责，他们日夜轮流值班。这些教师总是会在学院围墙内驱散任何嘈杂的或无关的人群，并检查学生的出勤情况。然而，他们的工作够繁重了。我们经常听到对英格兰大学管理混乱的有关批评，但在那里，所有的学院大楼都是出于便于监管学生的目的进行设计建造的，所有年轻的和年长的教师都与学生一起住在学院。我们迫切希望能够更加有效地监管学生。如果我们真的打算实行一种有效的道德教育制度，显然我们必须彻底改变寄宿制。为了清楚明白地审视这个问题，现在假设有一幢与我们的学院一样的建筑，也同样具有进行道德教育的设施，可以为十五岁到二十五岁或者三十岁的年轻人提供食宿。有哪位家长认为他的孩子住在这里比他为其挑选的寄宿家庭里更好呢？我自己也看不出这有什么独特的好处。据我所知，还没有人做过相关试验。

除了这些之外，这么多年轻学生的密切交往也会带来一些特殊的不利影响因素，因为这种人际交往远离了社会的正常影响。在许多年轻人聚集的地方，不可避免会有人染上恶习。坏人通常更热衷于教人作恶而不是扬善。而在大学宿舍，学生的密切交往更是极大地增加了恶习传染的风险。宿舍年长的学生会影响那些新生，让他们染上恶习。一届一届的学生延续这种做法，而凡是有任何堕落倾向的人，都会在这样一个环境里，轻易地找到同党和“教唆犯”。众所周知，年轻人朴实，并容易相信别人。进入一个新环境，他们很容易不假思索地与那些早已入住的人结盟，而那些人也似乎乐意结交并影响这些新同学。通过这种方式，学生们刚进入大学就会结成一些团伙，并对他们整个大学生活乃至今后一生都产生不好的影响。学生团体的人数越多，联系越亲密，带来的危险就越大。然而，正因为他们面临学坏的危险，父母们才急于让自己的孩子尽早接受教育。

此外，值得注意的是，大学本身就形成了一个相对独立的

“大学社区”（imperium in imperio），在很大程度上与大学周围的社会保持着一定的距离，大学似乎被一种神秘氛围笼罩着。学生不会单独接受公众言行的影响。人们经常认为，他们与其他同龄人一样也不受民法和市政法的约束。我认识一位新英格兰地区大学的杰出校长，他严重违反了这种规定，因此接受了法律的严厉惩罚。这里我不打算讨论这个问题涉及的原则。我之所以提到这个事例，仅仅是为了说明有关大学社区性质和义务方面的法律观念。

现在，大学生聚集在学院里，由于他们不受基本的社会规范的约束，他们将形成自己独特的不成文的规则体系，从而反映他们的性格、年龄以及他们所在团体的特点。由于在相当大的程度上他们脱离了社会其他人，他们遵循的首要基本原则是区分自己和他人，区分他们对自己团体成员所承担的义务，以及他们对周围其他团体成员所承担的义务。年轻人总是不计后果，追求及时行乐，对同伴的不满极为敏感，很容易放纵邪恶；他们常常不计后果地寻欢作乐；他们没有自我管理的能力却不愿意被约束。当然，学生团体行为规则的形成，是所有这些因素共同影响的结果。就像我之前所说的，事情总是按照它们的趋势发展。大学进行适当干预可以暂时改变这种现象。但是，从长远来看，正如我前文所提及的那样，年轻大学生身处亲密和排外的小团体中，必然会形成团体规则。因此，这里要考虑的问题是，学生在学院中形成的小团体，是否能够为年轻人提供比整个社会更好的道德教育的机会？

如果我继续上述讨论，我可能会注意到，年轻人长期只同他们自己的同学交往，而不同其他的人交往，将会对他们的言行产生怎样的影响。学生间无聊的交谈浪费时间，学生长期处在视野狭隘、孤陋寡闻的环境中必然导致他们对这个世界的无知。我讨论这个问题的目的是让那些感兴趣的人知道寄宿制在培养学生道德品质方面所具有的优缺点，以便他们能够对其进行合理的评价。

另一个支持寄宿制的理由是，相较于其他食宿方式，大学生集中住宿的方式更廉价。

为了更加准确地探讨这一点，有必要先从学生的角度来考虑，其次是从大学的角度来考虑。

就学生而言，要考虑的问题很简单，那就是能否在一所大学附近，找到与大学本身提供的价格一样低廉的食宿。在对这个问题进行了深入的思考之后，我认为，平均差额如此之小，根本不值得对它进行认真思考。如果大学宿舍获得了公平合理的收益，那么房租的收益将会比其他任何收益要高得多。我也怀疑学生共同住宿是否会更便宜，寄宿制总会由于各种原因，产生一些不必要的昂贵费用。由于所有学生的住宿费都是一样的，没有人会觉得有必要节约，因此没有人能享受到一点节省开支带来的好处。而且，由于没有学生愿意被同学认为贫穷或被指责吝啬，学生自然不会反对其他同学过着奢侈生活。因此，食宿的费用往往超出大部分人所能负担得起的费用范围。另外，同学之间相互抱怨的恶劣本性也会产生，接下来还会抱怨食物不够好的问题。解决这些问题最好的办法就是，让每个学生随心所欲地在自己喜欢的地方找寄宿之地。在允许的情况下，每个人会根据自己以前的习惯和环境来生活。这样，富人就不会强迫穷人支付他们无力支付的费用，与此同时，穷人将不会被迫以毫无益处的方式浪费他们的资源，就因为他们害怕被认为是贫困的或吝啬的。我相信只要美国大学尝试一下，就会证明我的建议是行之有效的。英格兰大学和苏格兰大学的例子也充分说明了这一点。和我们自己的大学一样，英格兰大学的制度中包括住宿和伙食费，而且它的费用昂贵是众所周知的。苏格兰的大学除了提供教育以外什么都不提供，其他一切都让学生自己准备，因而大学费用非常便宜。据说，年轻人经常因为没有足够的钱去交学费、房租和取暖费，以及购买赖以生存的土豆和盐，就从苏格兰的其他地区或者从北爱尔兰前往爱丁堡和格拉斯哥求学。他们往往都是优秀的好学生，没有人知道，也没有人问他们住在哪里、住得怎么样。他们按时在教室里上课，参加考试并成绩优秀。他们并不会因为拥挤的居住环境而感到屈辱。总之，这种制度允许每个人按照自己能够负担得起的方式租住任何地方，只要自己满意就行。这种方式最终被发现是最经济的。我想补充一点，除了英格兰的大学以外，欧洲没有哪所大学承担得起为学生提供食宿的责任，也没有哪所大学是比英格兰的大学更贵的了。而且，这并不是由学费造成的，因为学费并不高。而是由寄宿制高昂的花费所造成的。

因此，我认为，大学的寄宿制，就费用而言，对学生本身并没有特别的好处。让我们再来考虑一下，这种经费预算对整个大学来说是否经济合算。我已经说过，为了支持和维持新英格兰的大学，政府大概投入了一百五十多万美元，其中大概有一百二十万美元被花在了建造大学宿舍的砖头和灰泥上。如果这是一项必要的费用，理应没有反对意见。但是，如果不是，那就是对财产的滥用。我认为这完全没有必要。这一点很明显，因为到目前为止，世界上大多数大学都没有住宿制度。寄宿制没有什么特别的好处，这一点也很明显。实现寄宿制的大学费用特别高，但是学生的道德水平与非寄宿制学校的并无二致。充其量，这似乎是一个值得怀疑的权宜之计。

我们从另一个角度来考虑这个问题。假设大学不实行寄宿制，把建造宿舍的经费部分用于设立教授职位，或者用于购买图书和购置实验研究仪器，这样一来，每个教授都会尽其所能地上好课，充分展示自己的才能并从中获得满足。我认为每个人都坚信，我们的大学教育将会提高到完全不同的更高的水平。目前，大学所要展示的几乎都是年轻人居住的一系列建筑。在美国的大学里，花了几十万美元在大学校舍建筑上，却几乎没有图书馆等基础设施。如果我们把建造宿舍楼的资金用于教育急需的其他方面，我们现在就可以拥有许多与欧洲大学一样的图书馆。事实上，美国大学几乎没有像样的图书馆。在各个学术领域，美国并没有出版一本在欧洲人看来值得称赞的学术著作。事实让我不得不相信，美国大学在这方面的匮乏在很大程度上应归咎于美国大学的寄宿制。

我继续讨论牛津大学和剑桥大学的寄宿制学院。我曾漫步剑桥大学三一学院和圣约翰学院的庭院，当时我非常欣赏国王学院礼拜堂无与伦比的美丽。我曾站在牛津大学莫德林学院的榆树下，打量着人群从四面八方注视着这座“宫殿之城”时的壮观景象。我走进一个又一个独一无二的学院的四方院子，在每一个转弯处，当我想起美国人民永远无法现场目睹如此美丽而庄严的美景时，我感到深深的绝望。我永远也不会愿意看到一个墙角被损坏，也不愿忍受一个扶壁或一座塔，甚至是一个不太精致的装饰品被破坏。过去的一切都是神圣的，它应该永远保持完好。但是，当我想到如果这笔巨额开支不是花费在这两所大学上，那么它能够为英国多少大学的学生提供更丰富的教学设备和资源。并且，这笔开支可以用于为穷人提供教育，这有可能使每个土生土长的英格兰人都成为受过良好教育的人。我不得不说，从未有人为了欣赏建筑之美付出如此高昂的代价。尽管宏伟的大厦令人赏心悦目，但是对于哲学家或慈善家来说，促进全体人民的智力发展和培养他们的自由、独立精神，使他们成为人类文明的先驱而向人们普及知识和信仰的价值，可能更能够让人们高兴，也更有意义。

在这里，我要提到寄宿制对教师的影响。很明显它把教师没有精力充分履行的义务强加给他们。如果教师要忠实地履行这些职责，他们必然要耗费大量的时间和精力，进而影响了自我发展的机会。而且，如果教师疏于管教，必然会使学生们产生不良习惯并导致严重的性格缺陷。但是我愿意忽略这一点。这是一个过于严重和普遍的问题，以致不能只考虑到个人的不便，甚至个人的代价。然而，值得考虑的是，任何制度都不会与人性相一致，因为都会面临集体利益和个人利益的冲突。

出于上述这些考虑，我开始怀疑我们现行大学寄宿制在道德教育方面的合理性。我不像大多数对其感兴趣的人那样能够清楚地认识到它所具有的优点，反而看到了改变寄宿制所带来的好处，虽然其他人可能并不认同我的看法。我也许可以补充一点，我提出的这些观点源于我曾经的经历，我一生中很大一部分时间都在大学中度过。在大学里，我度过了非常愉悦的时光。我很高兴能够教育这些品格优秀的年轻人，他们对我的尊敬超出了我应得的，也超出了我的期望。此时此刻，我觉得我仍然可以清楚地一一说出他们的姓名，尽管他们分散在全国各地，但他们像我的朋友一样。我非常乐意证明他们的勤奋好学以及他们良好的、可敬的行为举止。因此，我之所以发表上述言论，并不是不满我已经为之奋斗大半生的教育事业，而是出于这样的想法，即我已经投身教师这一职业，我觉得我有义务提出这些建议，唯愿对教育事业有所帮助。

第四章

大学教育中普遍存在的误解

我在前文已经讨论了大学教育制度存在的问题，并指出了那些亟待改进的缺点。下面接着探讨在这个问题上普遍存在的误解，我们需要纠正这些错误认识而不是置之不理。

首先是美国大学制度的花费。许多人认为这一花费非常高昂。所有在大学工作的朋友不断地提醒我们，大学的办学经费不能再增加了，必须减少大学教育的开支，否则大学将难以为继。当我们想要引进一门新的学科，或者招聘教师，或者采取任何改革措施时，我们都被告知，如果这种改革对学校是有益的，那就一定要坚持下去，只是注意不要再增加费用。我敢断言，绝大多数家长为孩子选择大学主要考虑大学费用是否低廉，而不是其他因素。因此，大学年度指南都会附上费用开支情况，不仅包括学费和住宿费，甚至还有供暖费、电费、洗衣费以及我目前不甚清楚的其他款项。家长在可以提供同等的学位、毕业证书的大学之间做选择时，通过对比不同学校的统计数据，就可以轻易地发现去哪所学校就读的花费最低，花费最少的大学最受家长的青睐。

让我们来分析一下，当我们说一件物品便宜时，这句话的内涵是什么。

如果我们将这个问题的对象转移到除教育以外的其他任何事物上，答案显而易见。如果一个商品进入市场，我们知道它的制造、投资、人力等成本，而我们购买商品的价格仅仅够支付上述各项成本，那么我们就可以说这个商品是便宜的。如果商品以低于成本的价格销售，那么制造商则赔本了。如果制造商得到了超出正常水平的回报，那么这个商品是昂贵的。我们知道，只要资金和劳动力是自由的，市场竞争就会压低投资者和制造商的平均利润。

而且，每个人都知道，无论我们消费者多么精明，都不可能总是能够买到低于成本价的商品。制造商也不可能半价卖掉自己的商品。如果不能按高于商品价值的价格售卖，那么制造商就会停止生产这种商品，我们也就只能过没有这种商品的生活。或者，还有一种可能是，制造商将会用更廉价质次的原材料和雇用技能不熟练的女工生产出为他带来利润的商品，这样就可以让我们用低价购买。虽然我们花了低价买到了商品，但实际上是我们用低价买了劣质商品。

这些例子的道理很明显，也适用于大学教育。大学教育收费应该由以下因素决定。首先，我们需要评估投入的资金，这些资金用来建造教学楼、图书馆以及购买实验仪器并缴纳税金。我们还需要将教授和其他教职员工的薪酬考虑进去，按照普通劳动力的薪酬计算。这两项相加是大学教育的成本，如果没有其他支出费用，那么这就是大学教育的收费标准。大学教育的费用随着这些成本开支的变化而调整。

那么现实又是如何的呢？事实上，大学投在运动场、教学楼和图书馆上的资金少有回报，这主要是为了社会公益，只能获得很少的收益。就以我熟悉的大学为例，大学土地、建筑等资产的市值大约为十五万美元。这些固定资产每年的收益大约是九千美元。而每年收取学生的使用费仅为一千八百美元，不足总资产金额的百分之二。另外，还需要从收益中扣除这些设施的维修费。因此，我推测大学从这些资产中所获得的收益，不会超过净资产的百分之一，这是最低的收益。大学因为学生使用大学资产和聘任教师所收取的费用是七千五百美元，也就是说，将这些资产作为教育设施所获得的收益要比其作为净资产所获得的收益少近一千五百美元。事实上，将这些资产变卖后进行投资获得的收益，可以为教职员工提供比现在更高的薪酬。目前来说，大学教职员工基本上属于无偿劳动。

上述事实已经足以支撑我的论点。但是，这并不是全部。大多数大学都拥有一笔可观的资金，有时甚至非常庞大。但不论这笔资金或大或小，它都会以各种方式返还给社会，要么用来资助贫困学生，要么用于大学的各种发展计划，要么用来支付教师薪酬。在后一种情况下，大学将学费降低到刚刚够维持成本的水平。在我提到的那所大学中，他们为此每年划拨一千五百美元。至于其他大学在多大程度上也在实行这一举措，我并不能够给出确切的数据。我不知道这种想法是否适用于所有的大学。不论各大学采用何种手段，都遵循着同样的原则、采取同样的措施，那就是尽可能地降低学费。为此我还询问过熟悉政治经济学的人员，市场上是否存在比大学教育还便宜的商品。

但这仍并不是全部，上文中我仅仅是阐述了这样一个事实，即大学教育中的所有投资几乎都返还给社会大众了。接下来要探讨的论题是大学教师的薪酬。我认为美国大学教师的收入水平几乎低于所有其他专业人员。据我所知，仅有少数教师可以获得与其自身劳动付出相称的薪酬，但也绝不会比其他专业人员的收入高。几乎没有一个前景光明的年轻专业人员会从其他行业跳槽到大学来教书，从这一事实中我们可以轻易地得出相同的结论。在我的印象中，新英格兰地区大学教授的年薪从六百美元到一千两百美元不等。我不禁想知道，如果某个组织机构为律师、医生或牧师等其他专业人员提供这样低水平的薪酬，那些职位是否仍有吸引力。而且，还有一点需要引起我们的关注，这样的薪酬是不会因任职者的辛勤劳作而增加的。

薪酬也不会随着年龄的增长而增加。这一职业的薪酬前景堪忧，并且每况愈下，导致当大学教师去世时并不能给配偶和孩子们留下任何遗产。

大学教职员工的薪酬不仅比其他专业人员的低，也低于私人教师。在所有的大城市中，一个称职的私人教师的收入非常可观，我估计私人教师的收入是附近大学教师收入的两倍。我们城市的全日制文法学校的学费大概是大学学费的两到三倍。在大学教育中，大学教师需要担负指导学生四年学习的使命，而在全日制文法学校，私人教师仅仅需要负责课堂学习的那几个小时并完成相应教学任务即可。在大学教育中，教授需要为教育投入大量的时间和精力却收获寥寥，而私人教师并不需要多少投入，对他们来说只需要租赁一间教室和准备教学计划。如果是这样的话，要么就是大学教师所得薪酬过低，要么是他们非常不胜任他们的工作。但无论他们胜任与否，也不论他们的教学效果好坏，任何人都不能否认这一事实，即大学教师的薪酬非常低。有数据表明，大学教师的薪酬一般比其他行业人员平均薪酬低百分之二十五至百分之五十。

对于那些并不熟悉这个问题的人来说，这一现象貌似有点奇怪，但是，我坚信我并没有言过其实。我从来不同那些熟知大学教育管理的人谈论这个问题，他们对此现象已习以为常。家长们曾向我说，他们之所以急切地将孩子们送到大学读书，是因为如果不将孩子们送进大学，他们将负担不起孩子们在家中的各种开支。送孩子们进入大学接受自由教育的花费，比在家接受私人教育要便宜得多。简而言之，现实情况往往是：一个勤勉朴素的年轻大学生初入学时仅有一两百美元傍身，在大学期间可以趁假期打工，或者中间休学一年来教书，当他毕业的时候，债务还清，然后工作一到两年，他的境况一定会比大多数的大学教师还要好。在这种情况下，大学教育可以说是物超所值。

我之所以长篇累牍地讨论这个问题，是因为我们需要深入了解这件事情。我希望检视整个大学教育经费，并且通过详细的讨论，得出这样一个令人满意的结论：大学教育收费不仅是便宜的，而且相对教育所获的好处来说太便宜了。我确信，通过讨论可以让所有考虑相关问题的人相信，大学教师的薪酬应该比其目前领取的薪酬更高，或者至少应该提高到可以让他们可以发挥所长的水平。如果大学教师薪酬仍然维持在中等水平，那么大学教师的素质也仅能维持在中等水平，而大学教育也会流于平庸。希望通过我的论述可以清楚地表明这样一个观点，美国大学教育的收费已经太便宜了，以至于人们没有理由指责其收费太高。接下来，我将会继续探讨另一个与大学教育价格低廉紧密相关的问题。

在美国，必须为社会各个阶层的人提供受教育的机会，保障他们都能够接受科学和艺术教育，这被认为是理所当然的。我认为在很多情况下，应该无偿地为大学教育投入更多的成本，我更关心的是对大学教育投入的全面性。如果你想为你的邻居准备一份礼物，难道你不应该自己付款购买它吗？同样的道理也适用于大学教育，如果希望大学教育得到发展，就不应该让大学教师的薪酬低于其他专业人员的薪酬水平。另外，如果社会希望提高每个公民的素质，那么就不应该让他们缴纳如此之低的学费，以至于让他们感到自己所接受的教育不值钱。就以新英格兰地区的公共教育制度为例，它竭尽全力地为大众提供普通英语教育，在某种程度上做了无用功。这曾经被认为是大学教师应该获得较低薪酬的理由。而且，大学教师薪酬过低，人们一般会认为是因为经济不景气，或者因为学生人数少，教师教学效果差，公众不喜欢学校。相反，只有大学教师薪酬丰厚，大学才能聘任到优秀教师，得到发展，扩大规模，得到公众的支持。因此，为了让所有的人都能够接受大学教育，必须提高教师的薪酬水平，重视大学教育的价值，充分发挥教师的才能，为社会培养优秀的人才。

让我们从另一个角度来继续研究这个问题。有人认为有必要向不同阶层的人提供教育，培养他们的各种能力。因此，大学教育收费越低廉越好。我认同上述论证的前提，但是并不赞成由此推导出的结论。

如果有必要让所有人接受大学教育，并且我也认为这是必要的，那么我们就需要充分利用私人的或者公众的捐赠经费去提供这种教育。我了解到位于波士顿的哈佛学院就是由洛威尔先生捐助的。哈佛学院根据他的意愿制定了相应的措施，向波士顿的市民提供有关学科重要领域的免费系列讲座，实现了捐赠者的意图，并取得了极大的成功。新英格兰地区乃至欧洲最有才华的学者都参与了讲座计划，前来听讲座的市民挤满了波士顿市最大的报告厅。这项慈善之举对波士顿当地居民益处多多，既唤醒了他们沉睡的才智，又激发了他们进行热情积极的思考，还加强了波士顿各个不同社会阶层市民的团结。另外，我认为此次讲座活动的成功之处还在于它遵循了大学教育旨在提高公众科学素养的原则，哈佛学院没有把捐赠人的资金浪费在大量无意义的教育教学活动上，而是花在为公众举办讲座这种有价值的活动上。学术报告厅已成为举世瞩目的中心。如果在波士顿的各个学区都开设劣质课程的话，结果会大不同。那样，没有人会接受这个来自大学的课程，因为没有人会认为它们值得被接受，整个慈善事业就会失败。

先前我们已经讨论了为所有人提供大学教育的重要性。我期望我们的大城市和乡村都可以接受大学教育。但我所说的大学并不是指目前仅仅培养某些职业人才的预备学校。预备学校的学费是否昂贵不在我讨论的范围内。不论现存的大学教育机构花费便宜或昂贵，之前的讨论中没有涉及对这些社会阶层提供的教育服务。

我认为建立大学的目的并不是为任何个人提供其所喜好的教育，而是为了传授学科知识。由于大学本身是一个相对独立的小社会，它自然排斥一切不从事类似事业的人员、机构或组织。现在这一问题立刻凸显出来，人们不禁思考，在公共教育领域投入大量精力仅仅是为了增加专业人员的数量吗？一个人完全有权去选择或是改变自己所从事的专业。但如果他这样做，他还是教育这一慈善事业的教育对象吗？我们是否有增加教育专业人员的特殊需求？更进一步地说，如果他想从事某一专业，为了迎合他的需求，大学降低学费，这一做法对学生个人、社会大众而言并没有很大的意义。

我们也许会问，难道建立大学的目的不正是为了向公众提供受教育的机会吗？难道大学教师的职责不是向所有学生讲授他们感兴趣的知识吗？难道大学教育不应该面向所有人吗？我认为答案无疑是肯定的。大学教育制度改革将会使大学教职员工、大学本身以及社会大众受益，会让大学教师成为更有吸引力的职业，会使大学得到社会的关注和认可，会让所有人认识到大学教育在促进个体智力发展方面的重要作用。

我认识到，为了达成上述目标，大学教育制度需要做出一些改革。而且，如果要将大学教育变成免费的教育，必须投入额外的资金来增加大学教授职位的数量。大学要让教授摆脱大量的日常学生监管事务的束缚，还应该开设大量现有课程计划中缺失的课程。目前，在大学处理紧急事务方面，我没有发现任何不能克服的困难，尤其是大学需要进行必要改革的时候。我不打算探讨这个问题，我的意图只是阐明大学在传授有价值知识方面的重要作用，以及实现这一目标的教学手段。但是，目前这一目标并没有适用于大学，那些大学仅仅是专业教育培训学校而已。一旦这一目标被大学完全采纳，大学将会为社会带来利益，也可以改进目前的教育制度、扩大教育基础。

但还有另外一个问题需要被关注，如果读大学的花费上涨，大学如何帮助那些打算当牧师的学生，培养他们成为教会所需要的牧师。如果这些学生能够获得足够的资助，那么上述问题也就不存在了。首先，我们要让这些学生充分了解牧师职业的清贫生活，培养他们安于清贫的职业精神。另外，这是一个关于自由教育的问题，因此只能根据自身的优点来判断。如果大学培养牧师与开展自由教育的目标发生冲突，那么大学教育制度就必须进行调整。如果我们要培养一名年轻人成为牧师，那么我们就没有理由不为他的教育买单，而这也会确保他毕业并进入牧师群体后，可以为他自己和其他人提供最好的精神指导。否则将会对大学和社会大众造成伤害。总而言之，当我们要践行一项旨在促进全社会的智力训练的计划时，一定要时时关照最初的目标，并且铭记在为整体谋福祉的同时切不可忽视个体的利益。

上文中，我尝试探讨了大学的牧师教育的特点，探索建立了教育基金，资助所有愿意当牧师的学生。近来所有的教派都在建立学院，导致学院数量增加。该话题并不在我们所要讨论的内容范围内，因此我不打算对此继续进行讨论。

根据我对上述问题的看法，一定会有人认为我的主张是：大学应该提高收费标准，而不是降低收费标准；大学教育应该限制受教育人数，实行精英教育；所有的这一切都有悖于大学教育的本质属性。对此，我只能说我绝没有希望美国公众赞同或宣传这些主张的意图。至于那些认为我希望提高大学收费标准的指控，我认为这曲解了我的意思。人们普遍认为我们的首要任务是降低大学教育费用。但我并不认可这个建议，相反地，我认为大学教育的第一要义是提高大学教育质量，我们首先关心的是大学教育质量，其次才需要考虑降低收费标准。因为，如果我们一味地追求大学教育的廉价化，一定存在降低教育质量的风险。

此外，我认为通过增加大学数量和加大校舍建设投入等方式降低学费的做法，几乎是没有意义的。大学应该采取其他措施吸引大量的学生，如激发教师发挥自己的才能和提高效率，招聘优秀人才进入大学教师队伍，而不用增加学生个人花费。概言之：首先，无论当前教育投入多少经费，大学提供的教育都应该是严谨的、丰富的、全面的，能够促进学生各方面能力的发展，能够不断提高教育质量，满足社会的需要；其次，大学教育要兼顾低廉的收费与良好的教学质量；最后，为了广泛传播科学艺术知识，使其成为美国大学教育的核心内容，必须保障大学具有独立的办学经费。以上就是我对该问题简要的概括，并且希望我的论述中没有出现与此相悖的内容。

在本章的结尾，我想要谈论另外一个问题，人们普遍认为，大学教育的课程应该是受大众欢迎的。但是，这并不意味着，大学要依据课程受欢迎的程度调整课程，也不意味着学科课程要根据教育改革家推崇的流行理论进行改变。大学课程应该致力于培养美国人的理性和爱国情怀，这才是大学课程最应该反映的流行趋势。因此，美国大学必须竭尽全力提高大学教育质量。我们的课程计划不仅要着眼于当前，更要着眼于未来。我们要努力使高等教育朝着更加有价值的、更普及的方向发展。因此，我们需要向公众解释我们这样做的理由以及实现这一目标的措施，这样美国大学就可以联合全社会的力量发展壮大。

第五章

结语

在前文的论述中，我已经详细讨论了目前美国大学制度中存在的最重要的问题，只有改进美国大学教育制度，才能适应社会现实需求。

在结语部分，我简要回顾曾经提出的需要大家注意的一些主要问题。我绝不认为，我所提出的一系列改革建议一定是可行的，那些照章执行的大学会取得立竿见影的成效，而我仅仅是想推荐这些学校尝试我的改革建议。美国大学制度迫切地需要改革。改革是一个循序渐进的过程，并不会在一夜之间成效立现。我的目的只是希望可以为将来的改革指明方向，同时指出大学教育中存在的弊端，希望大学加以改进。无论如何，我们应该明确大学教育改革的目标，同时也要让整个社会了解我们的目标，让所有人共同为实现这个目标而努力。只有这样，才有希望从根本上改善美国大学教育的状况。

第一，我将从大学法人团体或董事会谈起。事实上，它们的一举一动都将影响到整个大学制度。它们是大学教育的指定守护者。它们具有发布命令、指导和管理大学的权力。它们掌管着一大批私募基金或公募基金，这些基金旨在提高美国年轻人的知识水平。它们还拥有聘用和解聘大学教职员工、确定薪酬待遇以及规定学习课程的权力，以确保公众和建校人的办学目的得以实现。这些权力只能由这些机构来执行，大学中的其他机构或个人不能取而代之，任何人都不能阻止它们行使这种权力。如果没有经过它们的允许，任何行动都是不合法的。我希望提醒它们注意自己所拥有的权力和职责。除非它们能够做好以下几项事务，否则它们将会被指控犯了玩忽职守罪：熟知教育中的各项事务；履行好应尽的职责；确保承担了责任，并采取切实有效的措施；尽力改善现存的大学教育制度，改进大学组织机构的弊端，共同分担管理责任。我相信，在大学的管理人员中，他们会找到现成的、积极的助手。大学法人团体、董事会作为大学制度中最重要的两个机构，如果它们认真地修改其基本原则，那么我相信它们将会为社会大众带来最大的利益。它们有责任让各个社会阶层的人都能够接受高等教育，让美国的大学发挥更大的作用。但是，这些任务是拥有监事权的人所肩负的使命。它们要对社会大众负责，它们肩负着为美国年轻人提供优质教育的责任，而大学是这些年轻学生一生中最关键的时期。它们负有神圣的使命，在很大程度上决定着美国的命运。我坚信，它们不会辜负社会给予它们的信任和重托。

第二，我要谈一下我们的大学组织形式。正如我曾提过的，目前大学的主要职能是为年轻人提供某种职业准备的教育。只要我们的大学仍然实行这一培养目标，大学就不可能改变。因为我们根据大学的培养目标形成了大学的年级制度以及每个年级的必修课程制度，即使我们希望进行课程改革，也仍然无法改变必修课程的主导地位。另外，我们设置大学课程的目的仅仅是为职业教育做准备，在大学中排满了各种各样的学习课程，以至于学生学习的内容肤浅，课程失去了原有的价值。为此，我们深受其害。我非常担心人们会形成一种看法，即大学教育并不能够为学生将来所从事的职业做好准备。许多医学毕业生并不是合格的医生。学习法律的大学生逐渐增多，希望将来当牧师的大学生也大幅增长。但是，这种情况的出现应该归功于教育团体组织的资助。如果没有教育团体的资助，我无法确定情况会怎样。如果我们把大学教育的主要职能限定在为学生将来所从事的职业做准备上，把大学当成职业养成所，那么大学将失去其存在的意义。

由于上述原因，美国许多人被剥夺了享受高等教育的权利。在美国，商人、技工等一般不会让自己的孩子上大学，除非他让孩子接受职业预备教育。这种教育并不是他所想要的，当然，他的孩子也被剥夺了接受大学教育的权利。但是，也正是这些没有接受大学教育的人成为社会的基本单位，他们是整个社会生产力的代表，也是美国政治权力最牢靠的基础。他们最终决定了美国社会的发展。从各方面来看，让他们具备获取知识的各种能力，促进他们的智力发展，是大学教育的重中之重。只有向全社会普及科学原理和知识以及开展科学、艺术实践，才能促进人类社会的繁荣发展。而且，道德和知性哲学、法律的基本原则、宪法知识、历史学、动植物学以及其他许多科学知识对于商人、技工、农夫、牧师、内科医生来说都是同样必要的。为什么所有的高级知识必须按照职业进行专门地划分呢？如果一个人想要为自己的孩子提供好的教育，为什么一定要强迫他成为律师、内科医生或是牧师呢？难道大学就一定要按照各种职业的要求开设课程吗？我们已经忽视这些问题太久了，是应该对大学教育制度进行彻底的改革了。

我对于这个问题的观点可以简要地概括为以下内容。首先，明确指出那些专门为职业生涯做准备的课程，并且尽可能地使其丰富且深入，使其包含那些职业所需要的学科课程，这将有助于学生掌握丰富的知识，促进他们的智力发展。其次，扩展我们的课程体系，向那些有意愿学习的人开放。在大学中建立所有学科的讲座课程，而且这种课程要尽可能多，允许所有的人参加。简而言之，让大学成为促进所有人智力发展的知识中心，传播知识的光和热，满足各个阶层的不同需求；让大学成为年轻人开始职业生涯的预备学校。只有大学才能够极大地促进人类财富的增长，推动社会文明的发展和提高人的文化教养，也只有大学才能够消除不同社会阶层间的隔阂，否则，将威胁到美国的民主制度。

第三，探讨大学教职人员问题。我已经在前文中探讨了大学教师聘任制度中存在的问题和隐患。我提出了公开招聘大学教师的重要性，大学可以从一众有才能的且愿意投身大学教育的人才中进行选择，这样的招聘过程才能让大学从中受益。除此之外，我还建议大学教师的薪酬应该是动态的、可调整的，从而让他们可以直接感受到自己报酬的高低与他们工作能力或效率的高低有关。毫无疑问，大学教师应该获得与其他职业同等的报酬。只有这样，他们才会全力以赴地从事教育工作，才能够保持大学发展的活力或效率。

如果说这种方法不可行，那么我们还可以采取其他方法。大学应该受到直接且有效的监管。董事会每年必须对教师的教学工作情况进行考核，解聘那些不称职的教师。这种方式也能够达到同样的效果，但会为董事会带来繁重的工作和令人讨厌的职责。大学最好建立一种制度，让那些不称职的教师备感压力，选择辞职，而不是让董事会一直忍受这些不称职的教师，直到最后不得已用一种专断的方式将他们辞退。

第四，要谈一谈大学纪律。我曾提到现在的大学纪律对于年轻学生来说太松散，而对年长一点的学生又过于严苛。有两种方法可以解决这一窘境。一个方法是大学只录取那些年龄较长、可以自立的学生。另一个方法则是依然招收年龄偏小的学生，但是要对他们给予更严格的监管。我认为其中任何一种方法都比现行的制度好。那么，为了将这种计划付诸实践，我们还需要做出多少努力？这一问题恐怕要交由各个大学的教师，由他们根据各个大学自身的情况进行决断。然而，我的观点是，应该大幅提高大学普通教育和专业教育的招生标准，这样学生们就不得不在文法学校继续学习一到两年，直到他们符合大学的入学要求。大学第一年，学生在学院导师的监管下学习将会比学生完全自己进行学习的效果更好。这种做法对大学和文法学校都有益。那些仅仅是为了学习某一专业课程，以及希望尽早毕业的学生就不会都去选择普通教育课程。他们可以用其他的方式更好地实现自己的目标。每门课都有自己的优势，而大学的目的在于让每一个人都能充分发展自己的潜能。

至于大学的住宿问题，我也已经给出一个建议。在我看来，在大学宿舍建设方面投入大笔资金的做法是错误的，不应该这样浪费。如果废除寄宿制，学生宿舍只能用来作为教师们的宿舍。这笔花费是不合理的，我们应该吸取教训，不能重蹈覆辙。如果有机会的话，我们可以尝试允许学生在校外租房。如果经过实践证明有效，那么就表明新建一所教学设施齐全的大学，只需要现在大学一半甚至三分之一的经费就可以正常运转了。这将为我们这一论题增加一个强有力的论据。

第五，大学奖学金问题。在前文中我简要提到奖励制度在大学教育制度中的重要作用。在这里我要补充一点，奖励制度可以运用到大学任何一门学科的教学中，而不仅仅是常规的预备课程。如果能做到这一点，我相信各个年级的学生都会激动不已并相互激励。奖学金将会被各个专业的年轻人领走，他们是未来的技工、农夫、商人，他们相互竞争，努力为将来从事的职业做准备，希望最终获得殊荣。由此给大学各个年级学生带来的效应是无法估量的，而且我相信这一举措将会有百利而无一害。另外，奖励制度还可以为那些准备接受冷门职业的人带来有益的辅助。如果奖励是金钱，那将会缓解他们的经济压力。它不是作为施舍的赠予，它将作为功绩的奖赏被授予。它不会通过间接承认领奖者的贫穷来压抑他，而会使他在社会中脱颖而出，成为理应得到良好待遇的人。我认为，如果大学中一大部分的资金用这样的方式发放给贫困的学生，那将会对大学教育产生最有益的影响。

文中所述已经远远超出了我的论题，我主要是想简要地说明目前美国大学制度中存在的缺点，但我也并不否认美国大学制度本身的优点，并且我相信它有很多优点。然后，言尽之处并没有完全吻合我当初的设想，只是粗浅地谈及美国大学制度需要改革的一些地方。我清楚地知道我写作的动力，它也支撑着我继续对美国高等教育进行改革。我真诚地、小心谨慎地将此书呈现在大众面前，谦卑地希望，此书可以为大学教育在社会各阶层的广泛传播做出一点微小的贡献。

译后记

这本书是我独立翻译的第一部学术作品，也是一部令我感慨良多的高等教育名著。作为一名以研究美国教育历史为志业的研究者，能有幸翻译由百多年前著名大学校长所著的经典，是幸运，是学习，更是一种挑战。翻译这部著作的过程，有艰辛，有磨难，更有坚持。所幸，在诸多师友的鼓励和帮助下，经过几番打磨，终于能以目前的面貌呈现给读者。

自己对美国高等教育历史的迷恋，最初可以追溯到2013年，当时作为一名刚刚入学的硕士研究生，对所设课程中呈现出的美国大学历史颇感兴趣。也在导师王璞老师的指导下，开始接触到一些大学校长的相关研究成果。从这些论文中，我懵懂感受到论证之美、学术之美。在之后几年的学习中，我逐渐接触到一些与美国大学改革密切相关的历史文件，比如说《耶鲁报告》(*The Yale Report of 1828*)、《哈佛通识教育红皮书》(*General Education in A Free Society: Report of the Harvard Committee*)等。在这一过程中我不仅习得了关于美国大学的历史，也进一步认识到译介一手文献史料对教育史研究的重要性，并开始尝试翻译一些文献的片段。

2016年有机会参与“新汉译世界高等教育名著丛书”翻译工作，我既兴奋又紧张。在2016年暑假里，我开始翻译这本《美国大学制度》，其间，因学习、工作等各种安排，翻译过程时断时续，至2018年中才完成初稿。初稿完成后，河北大学何振海教授和李文文同学认真校对了初稿，北京师范大学李子江教授审校了定稿，他们都提出了许多宝贵的意见，使得这部译著能呈现出当下的模样。在此特别致谢。

在翻译过程中，我尽可能地表达作者原意，在信、达、雅之中，以可信度为先，在忠于原文的基础上兼顾文字的通畅。但因学识有限，难免存在讹误，敬请读者不吝指正！

石佳丽

2019年10月

于北京师范大学

图书在版编目（CIP）数据

美国大学制度 / (美) 弗朗西斯·威兰德 (Francis Wayland) 著 ; 石佳丽译 ; 何振海, 李文文校 . -- 杭州 : 浙江教育出版社, 2019.12
（新汉译世界高等教育名著丛书. 第一辑）
ISBN 978-7-5536-9875-5

Ⅰ. ①美… Ⅱ. ①弗… ②石… ③何… ④李… Ⅲ. ①高等教育－教育制度－研究－美国 Ⅳ. ①G649.712

中国版本图书馆CIP数据核字(2020)第012282号

责任编辑　江　雷　王方家　　美术编辑　韩　波
责任校对　高露露　陈阿倩　　责任印务　陈　沁

新汉译世界高等教育名著丛书(第一辑)
XIN HANYI SHIJIE GAODENG JIAOYU MINGZHU CONGSHU
美国大学制度
MEIGUO DAXUE ZHIDU
[美]弗朗西斯·威兰德　著　石佳丽　译　何振海　李文文　校

出版发行　浙江教育出版社
　　　　　(杭州市天目山路40号　电话:0571-85170300-80928)
图文制作　杭州兴邦电子印务有限公司
印　　刷　浙江新华数码印务有限公司
开　　本　710mm×1000mm　1/16
印　　张　7.75
插　　页　2
字　　数　104 000
版　　次　2019年12月第1版
印　　次　2019年12月第1次印刷
标准书号　ISBN 978-7-5536-9875-5
定　　价　26.00元